自分でできる

不動産登記

司法書士
児島 充 著

自由国民社

はじめに

　不動産登記とはどのようなものなのでしょうか。

　不動産を購入したときや相続したときには、「登記」という手続が必要です。また、住宅ローンを組むときや住宅ローンを完済したとき、不動産の所有者の住所や氏名に変更があったときも登記手続が必要です。

　令和6年には、相続登記が義務化される制度がスタートする予定です。

　通常、登記の手続は司法書士や土地家屋調査士に依頼します。登記手続を行うためには専門的な知識が求められることが多く、また、司法書士等に依頼をしないと難しい種類の登記手続もあるからです。

　しかし、中には司法書士等に依頼をしないで、やろうと思えば自分でできてしまう不動産登記もあります。

　便利な時代になり、インターネットや書籍などで登記手続に関する情報は比較的簡単に集められるようになりました。しかし、そもそも自分でやるのは難しい種類の登記だったり、仮に自分でできる登記でも余計な時間がかかってしまっては、せっかく自分で手続をしてお金を節約しても、結果的にたくさんの時間を無駄にすることになってしまいます。

　この本は、「最短時間でわかりやすく、ご自身の手で不動産に関する登記をして頂く」ということを目的として、執筆させて頂きました。

　複雑な表現や事例を極力避け、自分でできそうな不動産登記の事例に絞り、ひとつひとつの作業を丁寧に説明するよう心がけています。

　冒頭のチェックシートでまずは自分で不動産登記ができそうかどうかを確認して頂いたうえで、少しでも多くの方がこの本を活用して、ご自身の手で不動産登記の手続をスムーズに終えて頂ければと思います。

　また、司法書士に依頼をする場合でも、この本を読んで頂くことで一般的にはなじみの薄い不動産登記というものについて少しでも理解を深めて頂ければ幸いです。

司法書士　児島　充

巻頭グラフ　不動産と登記について、大まかに押さえておきましょう

15分でわかる不動産登記のこと

第1章　これだけは押さえておきたい「不動産登記」のこと

不動産登記の基本を確認しよう
～不動産登記の基礎知識～

住所や氏名に変更・間違いがあったときの登記手続

第4章　引越し、結婚などにより住所・氏名が変わったら? ～住所・氏名変更（更正）登記～

住宅ローンを完済したときなどの登記手続

第5章　抵当権を抹消・設定するときは? ～抵当権抹消登記・抵当権設定登記～

第6章 不動産を購入したときの登記手続
マイホーム、投資用、親子間…不動産を購入したら？ 〜売買による所有権移転登記〜

第10章　建物を取り壊したとき、新築したときの登記手続
建物を取り壊したら? 新築したら?
～滅失登記・建物表題登記・所有権保存登記～

9

◆住宅用家屋証明書サンプル

| 第11章 | 申請書を組み上げ、登記申請そして登記完了まで |

第11章 申請書を組み上げて登記申請
　～登記申請から完了までの手続～

**巻末資料　不動産登記お役立ち情報と
主な法務局一覧**

巻頭グラフ

不動産と登記について、大まかに押さえておきましょう

15分でわかる
不動産登記のこと

　不動産のこと。登記のこと。法律のこと。説明文だけを読んでいてもなかなかイメージしづらいものです。イメージができないと手続を進めるのも大変です。

　この巻頭グラフでまずは不動産登記のイメージを大まかにつかみましょう。それぞれの登記の難易度をはかるチェックシートもありますので、ご自身の事案と照らし合わせてみて下さい。

　不動産登記にはさまざまな種類があります。登記の種類や内容によって難易度もそれぞれです。中には司法書士に依頼をしないと難しい登記もあります。そこでまずは、自分で不動産登記ができそうかどうかを確かめることができる**不動産登記難易度チェックシート**を用意しました。チェックシートは全登記共通編と種類別編に分かれています。ご自身の事案と照らし合わせながら、1つずつ確認してみて下さい。

全登記共通編

Q1 登記手続のための時間は取れますか？

　A1　登記手続を進めるには、この本を読んで頂いたり、登記に必要な書類を集めて頂いたり、さまざまな書類をチェックしたりする必要がありますので、ある程度の時間はどうしても必要です。自分でできる種類の登記であっても、平日も休日も予定でいっぱい…という方は、専門家に依頼をして「時間を買う」という選択をして頂くのが望ましいと思います。

〈自分でできる度〉

A．手続のための時間を確保できる ⟹ ☆☆☆☆☆　向いています
B．毎日忙しくて時間がない ⟹ ☆　難しいかもしれません

Q2 事務作業や根気が必要な細かい作業は得意ですか?

A2 　登記の手続というのは、事前準備から確認完了まで非常に地味で根気が必要な作業です。

　自分でできる種類の登記については、最低限の知識さえあれば、できないことはない作業であることは間違いないのですが、それでもどうしても事務作業や根気が必要な作業が苦手という方は最初から専門家に依頼して頂くのがよいと思います。

〈自分でできる度〉

A. 事務作業や根気が必要な作業は比較的得意である

⟹ ☆☆☆☆☆ 向いています

B. どちらかというとあまり得意ではない

⟹ ☆☆ やや難しいかもしれません

　自分で手続ができるかどうかを判断するにあたって、すべての不動産登記に共通する代表的なチェックポイントがこの2点です。

　時間に余裕があって、根気が必要な細かい作業も苦にならないという方は、次の種類別編を確認してみましょう。ご自身で行いたいと思っている登記が最後までご自身の手で進められる種類のものかどうか、種類別の代表的なチェックポイントを簡単に確認できるようになっています。

Q1 他の登記と併せて行う必要がありますか？

A1　住所・氏名変更登記は、所有権移転登記や抵当権設定登記の前提として求められることもあります。これらの登記と併せて行う場合は、さまざまな理由から自分で行うことが難しくなります。

〈自分でできる度〉

A．住所・氏名変更のみ ⎯⎯⟹ ☆☆☆☆☆　向いています
B．他の登記と関連がある ⎯⟹ ☆　　　　難しいといえます

Q2 住民票や戸籍から変更の経緯は確認できますか？

A2　引越しや結婚などによって不動産所有者の住所や氏名に変更があった場合、所有者の住所・氏名変更の登記を行います。
　登記上の住所・氏名から現在の住所・氏名に変更する場合、変更の経緯が確認できる書面（住民票の写しや戸籍謄本など）が求められます。この書面が何らかの事情で取得できない、または、書面から経緯が確認できない場合は、手続が少し難しくなります。

〈自分でできる度〉

A．変更の経緯が確認できる ⎯⟹ ☆☆☆☆☆　向いています
B．変更の経緯が確認できない ⎯⟹ ☆☆　少し難しくなります

Q1 金融機関からの借入でしたか?

A1　住宅ローンなど不動産を担保に金融機関などから借りていたお金を完済すると、設定していた抵当権を抹消することができます。

一般的な銀行からの借入であれば、完済時に抵当権抹消登記に必要な書類が渡されるのですが、個人間の借入や一般的な金融機関以外からの借入の場合は、さまざまな事前準備や確認が必要になります。

〈自分でできる度〉

A．一般的な金融機関から借入 ⟹ ☆☆☆☆☆　　　向いています
B．上記以外または個人間借入 ⟹ ☆☆　　注意して進めましょう

Q2 他の登記と併せて行う必要がありますか?

A2　抵当権抹消登記は、他の登記と併せて申請することの多い登記です。例えば不動産を売却した代金で抵当権を抹消する場合、売買による所有権移転登記と同時に抵当権抹消登記を申請することになります。安全かつ円滑な取引のため、売買による所有権移転登記に司法書士が関与する場合は、抵当権抹消登記も併せて依頼したほうがよいでしょう。

〈自分でできる度〉

A．抵当権抹消のみ ⟹ ☆☆☆☆☆　向いています
B．他の登記と関連がある ⟹ ☆　　難しいといえます

Q1 当事者全員がリスクを理解していますか?

A1　不動産の売買には、高額なお金が絡みます。その分、登記ができなかったり、後日問題が生じたりした際のリスクは非常に高いといえます。想定していた登記ができない場合のリスク、想定外の登記が残ってしまった場合のリスク、税金のことなど、自分で登記をする以上は売買に関連するリスクを入念にすべて洗い出しておく必要があります。

〈自分でできる度〉

A．全員が確認・同意 ⟹ ☆☆☆　注意して進めましょう

B．不安を感じる者がいる ⟹ ☆　　専門家に依頼しましょう

Q2 金融機関から融資を受けますか?

A2　金融機関から融資を受けて不動産を購入する場合、併せて抵当権設定登記が必要になります。抵当権設定登記は高額なお金が絡む登記なので登記ができなかったり、間違いがあったりすると大変です。抵当権設定登記が絡む場合は司法書士に依頼しましょう。

〈自分でできる度〉

A．現金で購入 ⟹ ☆☆☆　注意して進めましょう

B．融資を受けて購入 ⟹ ☆　　専門家に依頼しましょう

16

Q1　関連して必要な登記はありませんか？

A1　贈与による所有権移転登記を行う前提として、行わなければならない登記がいくつか考えられます。住所・氏名の変更登記、抵当権抹消登記、相続による所有権移転登記などです。複数の登記を併せて申請する場合は、その分だけ難易度が高くなります。

　また贈与税など、税金面の確認も忘れないようにしましょう。

〈自分でできる度〉

A．関連して必要な登記はない ⟹ ☆☆☆☆☆　　向いています
B．関連して必要な登記がある ⟹ ☆☆　注意して進めましょう

Q2　不動産に担保（抵当権）はついていますか？

A2　通常、金融機関から融資を受けて抵当権を設定している場合、抵当権設定契約において、贈与などで所有者を変更する場合には金融機関の承諾を要する旨が定められていることがほとんどです。仮に承諾を得られても、抵当権に関する登記も併せて行う必要が生じることがありますので、金融機関へ確認するようにしましょう。

〈自分でできる度〉

A．抵当権なし ⟹ ☆☆☆☆☆　　　向いています
B．抵当権などあり ⟹ ☆☆　金融機関に確認しましょう

Q1 当事者間でのやり取りはできますか?

A1　財産分与による所有権移転登記は、原則として受ける者と分与する者が共同して申請する必要があります。住所や氏名の変更など確認事項も多いため当事者間での事前の打ち合わせや確認が難しい場合は、自分で登記をすることも難しいといえるでしょう。

〈自分でできる度〉

A．やり取りは可能 ⟹ ☆☆☆　注意して進めましょう
B．やり取りが困難 ⟹ ☆　　　難しいといえます

Q2 不動産に担保(抵当権)はついていますか?

A2　通常、金融機関から融資を受けて抵当権を設定している場合、抵当権設定契約において、財産分与などで所有者を変更する場合には金融機関の承諾を要する旨が定められていることがほとんどです。仮に承諾を得られても、抵当権に関する登記も併せて行う必要が生じることがありますので、金融機関へ確認するようにしましょう。

〈自分でできる度〉

A．抵当権なし ⟹ ☆☆☆☆☆　　　　向いています
B．抵当権などあり ⟹ ☆☆　金融機関に確認しましょう

Q1　相続登記をしたい不動産は、どなたの名義ですか?

A1　相続登記（相続による不動産の所有権移転登記）を自分で行う場合に、つまずきやすい最初のポイントは、戸籍の取得と読み取り（調査）です。相続登記を申請する際には、戸籍謄本など多くの書類を取得する必要があります。取得しなければならない方が多かったり、亡くなられた方が長生きをされた方であったり、転々と本籍を移されている方がいたりしますと、戸籍謄本などの取得や読み取りの手間が増え、その分難易度も上がります。

〈自分でできる度〉

A．子がいる夫や妻・父母の名義 ⟹ ☆☆☆☆☆　向いています
B．子がいない夫や妻・兄弟姉妹・祖父母名義 ⟹ ☆☆　やや難しくなります

Q2　相続人全員で、話し合いはできますか?

A2　相続の場面では、相続人の間で揉めてしまい話が進まなくなってしまう、ということがあります。
また、相続人の間の仲があまり良好ではないと、手続を進めることが困難になることもあります。

〈自分でできる度〉

A．相続人全員の仲が良い ⟹ ☆☆☆☆☆　向いています
B．仲が良くない、または、連絡を取り合っていない相続人がいる
　　　　　　　　　 ⟹ ☆　難しいといえます

Q1 建物表題登記は完了していますか？

A 1 　建物を新築した場合、建物表題登記と所有権保存登記という2段階の登記を行います。建物表題登記は、建物図面や各階平面図の作成などが必要なため、所有権保存登記に比べると難しいです。ハウスメーカーや工務店経由で土地家屋調査士に依頼し、建物表題登記が完了していれば、その分の手間・労力が省けますので自分で所有権保存登記を行いやすいといえます。

〈自分でできる度〉

A．建物表題登記が完了済 ⟹ ☆☆☆☆☆　向いています

B．何も登記がされていない ⟹ ☆　　　難しいといえます

Q2 金融機関から融資を受けますか？

A 2 　金融機関から融資を受けて建物を新築する場合、併せて抵当権設定登記が必要になります。抵当権設定登記は高額なお金が絡む登記なので、登記ができなかったり、間違いがあったりすると大変です。抵当権設定登記が絡む場合は司法書士に依頼しましょう。

〈自分でできる度〉

A．現金で新築 ⟹ ☆☆☆☆☆　　向いています

B．融資を受けて新築 ⟹ ☆　専門家に依頼しましょう

20

いかがでしたでしょうか。

それぞれの登記ごとの代表的なチェックポイントをあげてみました。

全登記共通編がどちらもＡで、それぞれの登記についても「自分でできる度」がすべてＡだった方は、自分で不動産登記ができる可能性が高いです。これら以外にも注意点はありますが、ぜひこの本を有効に活用し、ご自身の手で不動産登記を最後まで無事に完了させて頂きたいと願っております。

逆に、１つでもＢがあった方は、自分で不動産登記を行うことが難しい可能性が高いです。

しかし、司法書士や土地家屋調査士などの専門家に依頼をするにしても、依頼をした後にどのような手続が行われるのかを知っておけば、安心して依頼をすることができますので、該当する項目をひととおり確認しておくとよいでしょう。

法務局（登記所）

司法書士
権利に関する登記
・所有権移転登記
・住所変更登記
・抵当権設定登記 など

土地家屋調査士
表示に関する登記
・建物表題登記
・土地地目変更登記
・建物滅失登記 など

自分で申請

委任　　委任

所有者

15分でわかる　登記のこと

　日本にある**土地や建物が誰のものなのか**、また、**土地や建物の所在や面積**などを公示して明確にするものが「**不動産登記**」という制度です。

　国の機関である**法務局（登記所）**に「**登記簿（登記記録）※**」が置かれ、土地や建物それぞれの所在・面積・所有者・その他の権利などを記録し、公示します。

　これによって安全かつ円滑な取引をはかる役割をはたしています。

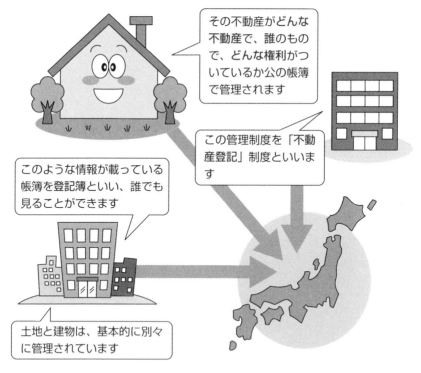

その不動産がどんな不動産で、誰のもので、どんな権利がついているか公の帳簿で管理されます

この管理制度を「不動産登記」制度といいます

このような情報が載っている帳簿を登記簿といい、誰でも見ることができます

土地と建物は、基本的に別々に管理されています

※法律上、1つ1つの不動産ごとにつくられる「登記記録」と、それらを記録する帳簿である「登記簿」は意味合いが異なりますが、この本では便宜上「登記簿」という表現で統一しています。

これが、不動産登記事項証明書です。登記簿の内容を確認でき、法務局で誰でも取得することができます。表題部、甲区、乙区の3部構成です

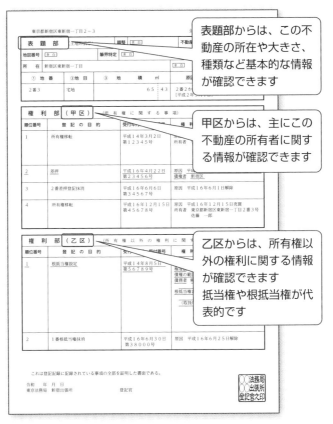

表題部からは、この不動産の所在や大きさ、種類など基本的な情報が確認できます

甲区からは、主にこの不動産の所有者に関する情報が確認できます

乙区からは、所有権以外の権利に関する情報が確認できます
抵当権や根抵当権が代表的です

不動産登記を行う場合には、まずこの不動産登記事項証明書から正確に情報を読み取ることが大切です

15分でわかる　不動産登記の基礎の基礎

そもそも不動産登記って何?

詳しくは
第1章

　不動産に関する登記手続のことを不動産登記といいます。法務局という国の機関に登記申請書を提出します。

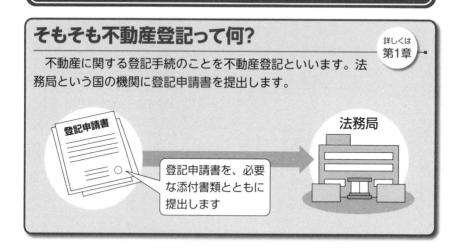

登記申請書を、必要な添付書類とともに提出します

法務局

登記を申請するのは誰?

詳しくは
P35

　不動産登記については、当事者申請主義がとられています。国が自動的に登記をしてくれるわけではなく、当事者が登記申請をすることによって登記がされる、というのが原則です。**当事者本人が申請するのが原則ですので、必ず司法書士や土地家屋調査士に依頼をしないといけない**というものではありません。ただし、登記の種類や内容によっては専門家に依頼をしなければ難しいものがあります。

登記手続に関与するのは誰?

詳しくは
P35

　不動産登記制度においては、共同申請主義がとられています。
登記権利者と登記義務者が共同で申請するのが原則です。登記をすること
で登記の形式上、直接的に利益を受ける者が登記権利者となり、登記をす
ることで直接的に不利益を受ける者が登記義務者となります。

　例えば、売買や贈与の場面では、新たに所有者になる買主や贈与を受け
る者が登記権利者、売主や贈与をする者が登記義務者となり、共同で登記
を申請します。

　迅速に、真実の登記がされることを担保（虚偽の登記がされることを防
止）するために共同申請主義がとられています。

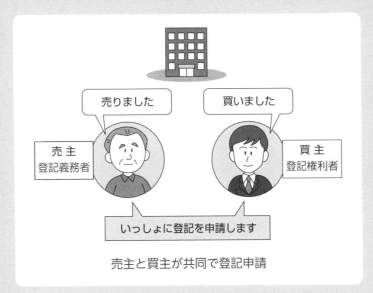

売主と買主が共同で登記申請

　住所や氏名の変更登記や建物を新築した際の所有権保存登記など、法律
で定められているものについては、例外的に単独で登記申請することがで
きます。

15分でわかる
これが基本の不動産登記の申請書

不動産登記は、作成した登記申請書に法務局へ納める登録免許税分の収入印紙を貼り、準備したさまざまな書類と一緒に法務局に提出することによって行います。

詳しくは
P55

A4用紙を縦にして作成します。申請する登記によって内容は異なります。

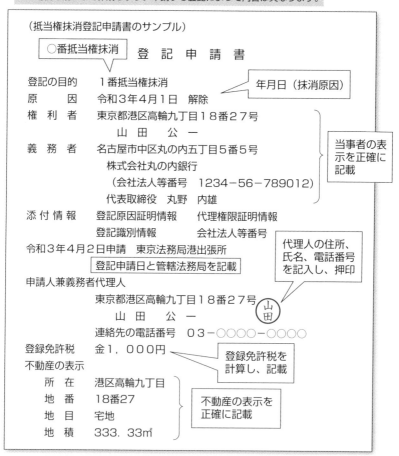

（抵当権抹消登記申請書のサンプル）

○番抵当権抹消

登 記 申 請 書

登記の目的　　1番抵当権抹消
原　　　因　　令和3年4月1日　解除　　　　　　　　年月日（抹消原因）
権　利　者　　東京都港区高輪九丁目18番27号
　　　　　　　　山　田　　公　一
義　務　者　　名古屋市中区丸の内五丁目5番5号
　　　　　　　　株式会社丸の内銀行　　　　　　　　当事者の表示を正確に記載
　　　　　　　　（会社法人等番号　1234−56−789012）
　　　　　　　　代表取締役　丸野　内雄
添 付 情 報　　登記原因証明情報　　　代理権限証明情報
　　　　　　　　登記識別情報　　　　　会社法人等番号
令和3年4月2日申請　東京法務局港出張所
　　　　　　　登記申請日と管轄法務局を記載
申請人兼義務者代理人
　　　　　　　東京都港区高輪九丁目18番27号　　　代理人の住所、氏名、電話番号を記入し、押印
　　　　　　　　山　田　　公　一　　（山田）
　　　　　　　連絡先の電話番号　03−○○○○−○○○○
登録免許税　　金1，000円　　　　　登録免許税を計算し、記載
不動産の表示
　　　所　在　　港区高輪九丁目
　　　地　番　　18番27
　　　地　目　　宅地　　　　　　　　不動産の表示を正確に記載
　　　地　積　　333．33㎡

26

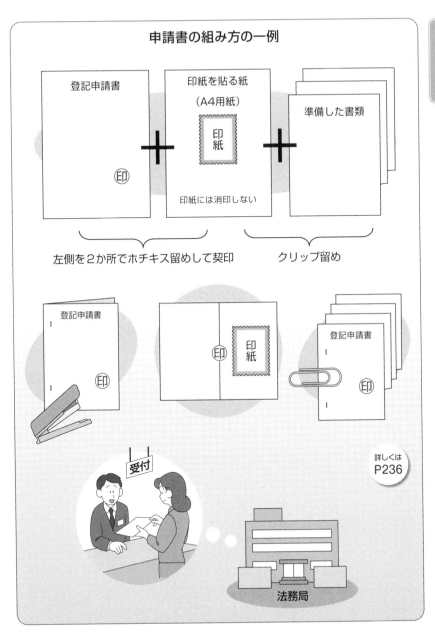

申請書の組み方の一例

登記申請書　　　印

印紙を貼る紙
（A4用紙）

印紙

印紙には消印しない

準備した書類

左側を2か所でホチキス留めして契印　　　クリップ留め

登記申請書　印

印

印紙

登記申請書　印

受付

法務局

詳しくは
P236

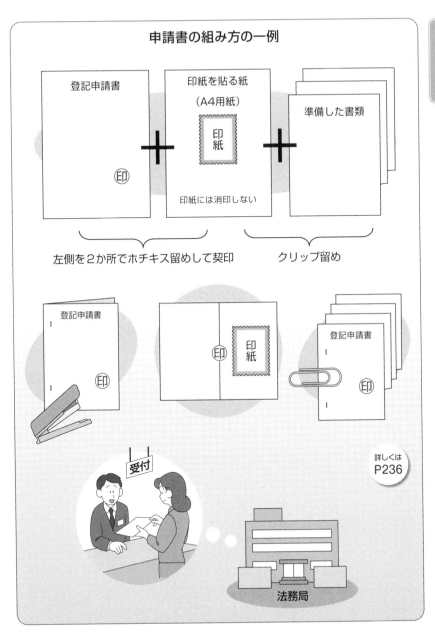

ちょっと確認 〈さまざまな登記〉

【不動産登記の種類】

　この本では不動産登記の中でも所有権や抵当権など自分ででき
る登記に絞って説明をしていますが、他にもさまざまな種類の権
利が登記されます。それぞれの権利について**移転、変更、更正、
抹消**などの登記がなされる可能性があります。登記事項証明書を
じっくり確認しましょう。

☑ **甲区になされる登記の種類**

　　所有権、処分の制限に関する登記（差押、仮差押、仮処分）

☑ **乙区になされる登記の種類**

　　地上権、永小作権、地役権、先取特権、質権、

　　（根）抵当権、賃借権、採石権

【不動産登記以外の登記の種類】

　不動産登記以外にも、下記のような登記の種類があります。

◎商業・法人登記

　　会社や法人に関する一定の事項を公示する登記

◎成年後見登記

　　後見・保佐・補助について一定の事項を公示する登記

◎債権譲渡登記

　　法人の行う債権譲渡などに関する登記

◎動産譲渡登記

　　法人の行う動産譲渡に関する登記

◎船舶登記

　　船舶に関する一定の事項を公示する登記

第1章

これだけは押さえておきたい「不動産登記」のこと

不動産登記の基本を確認しよう
～不動産登記の基礎知識～

　そもそも不動産登記とはどのようなもので、どのような場合に手続をしなければならないのでしょうか。登記をしないとどうなるのでしょうか。

　不動産登記を自分で行うためには、まず不動産登記がどのようなものなのかを理解しておく必要があります。

　少し難しい部分もありますが、不動産登記というものの基礎知識について、この章で確認をしましょう。

1 不動産登記とは?

不動産に関する情報を登記簿という公の帳簿に記載して公開する制度、それが不動産登記という制度です。

　不動産登記とは「土地や建物の所在や面積、権利変動を**登記簿**という公の帳簿に公示するもの」です。公示というのは文字どおり「おおやけ（公）」に「しめ（示）す」ことです。

　つまり、「**どこ**」にある、「**どのような**」「**土地や建物**」を「**誰**」が持っているのか、そしてそこに「**どのような権利**」がついているのかを、登記簿に記録し、誰もが確認できる状態にすることをいいます。

　自分が、その土地や建物の所有者であることなどを他の人に主張するには、実態に合った登記を備えておく必要があるのです。

　不動産登記は、原則として当事者が法務局に登記を**申請**することによって行われます。 当事者申請主義 P35

当事者が法務局に登記を申請します。

法務局にその内容が記録されます。登記事項証明書（登記簿謄本）を取得することでその内容が確認できます。

表題の登記と権利の登記の2種類があります

　不動産登記には、不動産の場所や用途、大きさなどの物理的な状況を公示する「表題部」に関する登記と、その不動産の権利関係（所有権、抵当権など）を公示する「権利部」に関する登記があります。権利部はさらに所有権に関する情報が記載される「甲区」と所有権以外の権利に関する情報が記載される「乙区」に分かれています。　サンプル P33

　この本では、「自分でできるかどうか」という観点から、権利部に関する登記を中心に案内をし、表題部に関する登記については建物表題登記と滅失登記についてのみ簡単に案内をしています。

表題部	権利部（甲区・乙区）
不動産の物理的な状況（どこにどのような不動産があるか）を公示	不動産の権利関係（誰がその不動産の所有者で、どのような権利がついているか）を公示
・建物表題登記　・建物滅失登記 ・地目変更登記　　　　　　など	・所有権移転登記 ・抵当権設定・抹消登記　　　など

この本で説明する不動産登記

　不動産登記は、表題部の登記、権利部の登記それぞれ数多く種類があり、登記申請の場面においても専門的な知識を求められます。

　この本ではそれらの不動産登記の中で、専門家に依頼しなくても自分でできそうな登記に絞って、その手続を説明しています。

　さまざまな事情から最終的に自分で登記を行うことが難しいという結論になってしまう場合についても、この本を読んでおくことで、自分にはどのような手続が必要で、専門家に依頼をした後にどのような手順で手続が進んでいくのか把握することができます。

　不動産に関する登記を申請すると、登記の内容が**法務局**という国の機
関で**「登記記録（登記簿）」**に記録されていきます。この登記記録は法
務局で管理され、**「不動産登記事項証明書（登記簿謄本)」**を請求するこ
とで、誰でもその内容を確認することができるようになっています。

　この不動産登記事項証明書（登記簿謄本）には、不動産の物理的な状
況、その不動産がこれまでにどのような所有者によって所有されてきた
のか、また、どのような歴史をたどり、今に至っているのかが記載され
ています。

　例えば、不動産を購入したいと思った場合に、その不動産がどのよう
な現況で、どのような権利関係になっているのかが確認できないとした
らどうでしょうか。また、不動産が自分のものであることを公に証明す
る方法がなかったとしたらどうでしょうか。不動産登記制度には国民の
権利を守り、不動産取引の安全と円滑をはかるという大事な役割があり
ます。

　登記簿を確認することで、私たちはその不動産に関するさまざまなこ
とを知ることができ、登記をすることで、私たちは自らの権利を守るこ
とができるのです。

不動産登記事項証明書（登記簿謄本）は、
いわば土地や建物の「履歴書」です
どんな不動産で、どのような歴史をたどっ
てきたかが不動産登記事項証明書からわか
ります

■不動産登記事項証明書サンプル

登記事項証明書は、「**表題部**」「**甲区**」「**乙区**」に分けられます。

〈表題部〉　土地や建物を特定する情報

〈甲　区〉　所有権に関する情報

〈乙　区〉　所有権以外の権利に関する情報

3 不動産登記の効力とは?

対抗力と公信力。少し専門的な内容ですが簡単に確認しておきましょう。

不動産登記と対抗力（たいこうりょく）

登記をしていなければ、第三者に自らがその不動産の所有者・抵当権者などであることを法律的に主張することができません。このような効力を**対抗力**といいます。

例えば、AさんがBさんとCさんに同じ不動産を売ったとします。このとき、仮にBさんがCさんよりも先に購入していたとしても、その旨の**登記**（売買に基づく所有権移転登記）をしていなければ、Cさんに対して自らが所有者であることを主張することができません。

逆に、CさんがBさんよりも先に登記をしてしまえば、CさんはBさんに対して自らが所有者であることを主張することができるのです。

不動産登記と公信力（こうしんりょく）

法務局では申請された登記について、原則として形式的な審査のみを行います。したがって、場合によっては詐欺や脅迫によって申請された登記が完了してしまうこともあります。そのため、日本の不動産登記制度においては**公信力**がありません。

公信力がないとは、もし詐欺や脅迫による不動産の権利変動が取り消された場合に、（詐欺や脅迫によってなされていた）登記を信じて取引をした者は保護されない（権利を取得できない）ということです。

このあたりは少し難しいかも…
ゆっくり理解していきましょう

4 不動産登記は誰がどのように行うの?

不動産登記の方法は、法律で定められています。

不動産登記は**申請**によってなされます

不動産登記は、変更事項があったら自動的になされるというものではなく、当事者が法務局に登記を**申請**することによってはじめてなされるというのが**原則**です。（**例外**として**嘱託**や**職権**による登記もあります。）

それぞれの登記について当事者となる者は法律で定められています。

不動産登記は、**法務局（登記所）**に申請します

不動産登記は、原則、登記申請書を**法務局**に提出して行います。法務局は**登記所**とも呼ばれ、各都道府県内に複数設置されています。正式には「○○法務局」「○○（地方）法務局○○支局（出張所）」といいます。

不動産ごとに**管轄**が定められています

不動産登記は、全国どこの法務局に申請をしてもよいわけではなく、不動産ごとに決められた**管轄の法務局**に申請をする必要があります。管轄は市や区の単位で決められていることがほとんどですが、管轄を間違えてしまうと登記はできませんので注意しましょう。

不動産登記は、**当事者本人**が申請するのが原則です

不動産登記申請の代理人として、「表題部」に関する登記については**土地家屋調査士**、「権利部」に関する登記については**司法書士**が存在します。しかし、これらの専門家に絶対に依頼をしなければならない、というわけではなく、**当事者本人**が申請するのが原則です。

共同申請と単独申請

不動産の権利に関する登記は、登記をすることで登記上形式的に利益を受ける登記権利者（買主や贈与・財産分与を受ける者など）と、登記をすることで登記上形式的に不利益を受ける登記義務者（売主や贈与・財産分与をする者など）が共同で申請するというのが原則です。（**共同申請**）

権利に関する登記でも、所有者の住所・氏名変更登記や相続による所有権移転登記、建物新築に伴う所有権保存登記などについては、例外的に単独で申請することになります。（**単独申請**）

専門家が存在する意味

不動産登記は当事者本人が申請するのが原則ですが、登記の種類によっては、代理人として専門家（司法書士、土地家屋調査士）が関与しないと事実上は難しいものもあります。

また、事情によっては難易度が高くなってしまう登記もあり、そのような場合についてもやはり専門家に依頼しないと難しいでしょう。

自分でできない不動産登記については、信頼できる司法書士や土地家屋調査士を探し、相談しましょう。 土地家屋調査士と司法書士 P50

なお、本人ではない者が本人から依頼を受けて**業として**登記手続を代理する行為は、司法書士法や土地家屋調査士法により禁止されていますのでご注意下さい。

●日本司法書士会連合会　https://www.shiho-shoshi.or.jp/
　東京都新宿区四谷本塩町4-37　電話番号　03-3359-4171
●日本土地家屋調査士会連合会　https://www.chosashi.or.jp/
　東京都千代田区神田三崎町1-2-10　電話番号　03-3292-0050

5 **不動産登記にかかる費用は?**

あらかじめ知っておけば安心して手続を進められます。

登録免許税という税金を納めます

　不動産登記を申請する際には、登録免許税という登記に課される税金を納めるのが原則です。一般的には、登録免許税額分の**収入印紙**を郵便局などで購入し、その収入印紙を登記申請書に貼る形で納めます。登録免許税は**定率課税**（例：不動産の価額の○％）の登記と、**定額課税**（例：不動産の個数×○円）の登記があり、登記の種類によって決められています。ただし、「表題部」に関する一定の登記（建物表題登記、滅失登記、地目変更登記など）は**非課税**です。また、「権利部」に関する登記でも非課税とされているものがあります。

定率課税（ある価額に一定の税率を掛けて算出する方式）の登記の例		
所有権保存登記	不動産の価額 ×	1,000分の4
所有権移転登記（売買）	不動産の価額 ×	1,000分の20
抵当権設定登記	債権金額 ×	1,000分の4

※ただし、それぞれについて軽減税率が適用される場合あり。

定額課税（個数に一定の金額を掛けて算出する方式）の登記の例		
住所変更登記（引越しなど）	不動産の個数 ×	1,000円
抵当権・根抵当権抹消登記	不動産の個数 ×	1,000円

非課税とされている登記の例
「表題部」に関する一定の登記
国や地方公共団体が自己のために行う登記
住居表示実施、地番変更を伴わない行政区画変更に伴う住所変更登記

詳しくは各章で

書類の収集にも費用がかかります

　不動産登記を申請するためには、さまざまな書類をそろえる必要があり、それらの書類を取得するためにもそれぞれ費用がかかります。

　中でも相続による所有権移転登記の場合（ 第9章 ）には、戸籍関係の書類を数多く集める必要がありますので、取得通数が多くなり、費用がかさむことも多いです。また、郵送で各種書類を請求する場合は、往復の郵送費もかかります。 郵送請求 P86

登記申請に必要となる可能性のある代表的な書類と費用	
住民票の写し・印鑑証明書	市区町村による
戸籍謄本（抄本）	1通 450円※
除籍謄本・改製原戸籍謄本	1通 750円※
固定資産評価証明書	市区町村による
不動産登記事項証明書	1通 600円（窓口取得・郵送取得）

※条例により金額が異なる市区町村があります。　　　　　　　　　（令和3年11月1日現在）

専門家に依頼をする場合

　司法書士や土地家屋調査士に不動産登記を依頼する場合は、それぞれの専門家に対する報酬が発生します。報酬額はそれぞれの司法書士や土地家屋調査士が自由に定めることができますので、依頼する専門家（司法書士・土地家屋調査士）や案件の難易度、事情によって異なります。

　専門家に依頼される場合は、事前に見積もりや報酬の算定方法を教えてもらうなど、概算金額を確認しておくことをおすすめします。

専門家を探す方法	知り合いからの紹介
	司法書士会・土地家屋調査士会への問い合わせ
	各種広告媒体（HP、電話帳、看板）　など

6 不動産登記は必ずしないといけないもの?

すみやかに登記をしておかないと、いろいろと面倒な事態に直面することもあります。

　建物表題登記や滅失登記などの一定の種類の「**表題部**」に関する登記は、1か月以内に登記を申請しなければならないとされており、それを行わない場合は**10万円以下の過料**に処せられる、とされています。

　また、相続登記や住所氏名変更登記は、法改正により義務化となり、期限内に手続することが求められるようになります。

　それに対してそれ以外の「**権利部**」に関する登記は、そのような義務が法律上は課せられていません。しかし、登記をしておかないと以下のような問題が生じてしまうことが想定されます。

当事者が増えて、収拾がつかない状態に…

　例えば、相続による所有権移転登記を何代にもわたって放置しているとどのようなことが起きるのでしょうか。

　いざ、相続による所有権移転登記を行うことになった場合、原則として**相続人全員**が登記手続に参加する必要があります。遺産分割協議に基づいて登記をする場合は、相続人全員が同意をする必要があり、1人でも同意しない者がいれば手続を進めることが難しくなってしまいます。

　放置している時間が長ければ長いほど、相続人にさらに相続が発生するなど登記手続に関与しなければならない者が増える可能性は高まり、いざ登記をする必要が出てきた時に収拾がつかなくなっているということが考えられます。

当事者の意思能力が低下し、登記ができない状態に…

　登記を申請する者には登記を行うための意思能力がないといけません。登記をしないでいる間に当事者の意思能力がなくなってしまった場合は、たとえ親族であっても勝手に登記手続を代理することはできず、その者のために（その者の登記手続などを代理することができる）成年後見人等を選任するなどしない限り登記手続を進めることができません。

　急いで登記をしなければならなくなってしまっても、スムーズに手続を進めることができなくなってしまうのです。

気づいたら別の者が所有者に…

　売買によって不動産を取得したにもかかわらず、その登記を放置しているとどうなるでしょうか。もし登記をする前に別の者が売買などで所有権を取得し登記を済ませてしまうと、その者に権利を主張することができなくなってしまいます。お金を払ったのに権利が取得できないというのは大きなリスクといえるでしょう。 **対抗力・公信力 P34**

40

7 登記事項証明書の読み方を確認しよう

「表題部」、「甲区」そして「乙区」。それぞれの基本的な読み取り方を確認しましょう。

不動産登記をするには、登記事項証明書（登記簿謄本）の基本的な読み方を知っておく必要があります。ここでは登記事項証明書の**「表題部」「甲区」「乙区」**の読み方を説明します。 登記事項証明書全体 P 33

第1章

土地の表題部を見てみましょう

土地の表題部を見てみましょう。所在・地番・地目・地積がその土地の基本情報です。「原因及びその日付」欄から土地の歴史がわかります。

表題部（土地の表示）			調製	余白	不動産番号	1234567…
地図番号	余白	筆界特定	余白			
所在	大田区蒲田六丁目			余白		
①地 番	②地 目	③地 積 ㎡		原因及びその日付〔登記の日付〕		
3番2	宅地	77 ┊ 77		3番1から分筆〔平成14年10月1日〕		

この土地が「大田区蒲田六丁目」に所在し、地番が「3番2」で、地目は「宅地」、地積が「77.77㎡」だとわかります。さらに、この土地は「3番1の土地から分筆」されてできたことがわかります。

建物には**区分建物**と**区分建物以外の建物**があります

分譲マンションなどのように、一棟の建物の中に複数の独立した部屋が入っており、その部屋ごとに独立した登記がされている建物を**「区分建物」**といいます。建物の表題部を見る前に確認しておきたいのは、区分建物の表題部と区分建物以外の建物の表題部では、大きく構成が違うということです。

次ページで区分建物以外の建物の表題部を確認してみましょう。

区分建物以外の建物の**表題部**を見てみましょう

　所在・家屋番号・種類・構造・床面積が基本情報になります。「原因及びその日付」欄からこの建物の歴史がわかります。

表題部（主である建物の表示）		調製	余白	不動産番号	123456789…
所在図番号	余白				
所在	大田区蒲田六丁目3番地2			余白	
家屋番号	3番2			余白	
① 種類	② 構造	③ 床面積 ㎡		原因及びその日付〔登記の日付〕	
居宅	木造かわらぶき2階建	1階 35:79 2階 35:79		平成25年1月5日新築 〔平成25年1月10日〕	
所有者	大田区蒲田六丁目3番2号　石川太郎				

　この建物が、「大田区蒲田六丁目3番地2」に所在し、家屋番号が「3番2」、種類は「居宅」で、構造は「木造かわらぶき2階建」、床面積は「1階2階共に35.79㎡」で、「平成25年1月5日」に「新築」されたことがわかります。　表題登記 P31

区分建物の**表題部**は**土地**を意識しましょう

　区分建物の場合、建物と敷地（底地）部分が一体となって登記されている場合（「敷地権付区分建物」といいます）と、別々に登記をされている場合があります。敷地権付区分建物の場合は、建物の登記事項証明書を確認すれば、原則として建物と敷地部分の登記状況が両方確認できます。しかし、一体となっていない場合は、建物と土地の登記状況が同じとは限りませんので、建物と土地それぞれの登記事項証明書を確認する必要があります。区分建物が敷地権付区分建物かどうかは、建物の登記事項証明書の表題部から読み取ることができます。登記をしたい不動産が区分建物の場合は注意して確認してみて下さい。

区分建物の表題部を見てみましょう

まずは、**建物と敷地が別々の場合**の表題部を見てみましょう。

区分建物の場合、表題部の情報量が多くなります。建物全体の情報としての「一棟の建物の表示」とその中の独立した部屋の情報としての「専有部分の建物の表示」に分かれているのが特徴です。

専有部分の家屋番号	3-2-101〜3-2-103 3-2-201〜3-2-203		
表題部（一棟の建物の表示） 調製	余白	所在図番号	余白
所　在	大田区蒲田六丁目　3番地2	余白	
建物の名称	蒲田マンション	余白	
① 構造	② 床面積　　　㎡		原因及びその日付〔登記の日付〕
鉄骨造陸屋根2階建	1階 150:00 2階 150:00		余白
マンション全体の情報がここからわかります			

表題部（専有部分の建物の表示）		不動産番号	012345678…
家屋番号	蒲田六丁目　3番2の201	余白	
建物の名称	201	余白	
① 種類	② 構造	③ 床面積　㎡	原因及びその日付〔登記の日付〕
居宅	鉄骨造1階建	2階部分 45:00	平成24年8月1日新築 〔平成24年8月8日〕
所有者	大田区蒲田六丁目3番2号　蒲田建物株式会社		
あなたが所有している部屋の情報がここからわかります			

このような表題部の場合は、建物と敷地部分は一体になっていないので、敷地についても登記事項証明書（登記簿謄本）を確認する必要があり、必要に応じて建物と土地それぞれ登記をする必要があります。

それでは次ページで、同じマンションが敷地権付区分建物だった場合、登記事項証明書のどこが違うのかを確認してみましょう。

専有部分の家屋番号	3-2-101～3-2-103　3-2-201～3-2-203				
表題部（一棟の建物の表示）　調製	余白		所在図番号	余白	
所　　在	大田区蒲田六丁目3番地2		余白		
建物の名称	蒲田マンション		余白		
①　構造	②　床面積　　　㎡		原因及びその日付（登記の日付）		
鉄骨造陸屋根2階建	1階　150　00 2階　150　00		余白		

表題部（敷地権の目的である土地の表示）				
①土地の符号	②所在及び地番	③地目	④地積㎡	登記の日付
1	大田区蒲田六丁目3番2	宅地	300　00	平成20年8月8日

マンションの敷地の情報がここからわかります

表題部（専有部分の建物の表示）	不動産番号	012345678…	
家屋番号	蒲田六丁目3番2の201	余白	
建物の名称	201	余白	

一体となっている場合「敷地権」に関する表示が2か所あります

①　種類	②　構造	③　床面積　㎡	原因及び
居宅	鉄骨造1階建	2階部分 45 00	平成24年8月1日新築〔平成24年8月8日〕

表題部（敷地権の表示）			
①土地の符号	②敷地権の種類	③敷地権の割合	原因及びその日付（登記の日付）
1	所有権	6分の1	平成24年8月1日敷地権〔平成24年8月8日〕
所有者	大田区蒲田六丁目3番2号　蒲田建物株式会社		

敷地に対して、6分の1の所有権を持っていることがわかります

　このように、敷地権付区分建物の場合は敷地権に関する表示が2か所あります。敷地が建物と登記簿上一体となっているのです。この場合は、一体となった敷地権付区分建物の不動産登記を申請することで、敷地となっている土地の権利も一体となって登記されます。

甲区を見てみましょう

表題部の下に位置する甲区では、不動産に関する「所有権」の内容が記載されています。「いつ・誰が・どのような経緯で」この不動産を所有しているのかを読み取ることができます。

それではさっそく、例として石川太郎さんが、ある不動産の「所有権」を持っている場合の甲区を見てみましょう。

【パターン①：石川太郎さんが所有権全部を持っている場合】

権利部（甲区）	（所有権に関する事項）		
順位番号	登記の目的	受付年月日・受付番号	権利者その他の事項
3	所有権移転	平成16年3月24日 第2345号	原因　平成16年3月24日売買 所有者　大田区蒲田六丁目3番2号 　石　川　　幸　一
4	所有権移転	平成25年2月2日 第234号	原因　平成25年2月2日贈与 所有者　大田区蒲田六丁目3番2号 　石　川　　太　郎

「**順位番号**」は登記をした順番です。「**登記の目的**」は、どのような登記なのか、「**受付年月日・受付番号**」では登記を申請した日にちとその受付番号が、「**権利者その他の事項**」では、所有権を持っている人が所有権を取得した原因年月日、持分、住所・氏名が確認できます。

この甲区からは、順位番号3番の情報から、この不動産は平成16年3月24日に石川幸一さんが売買で取得したものだということ、順位番号4番の情報から、平成25年2月2日に石川幸一さんから石川太郎さんに贈与され、その旨の所有権移転登記を申請した、ということを読み取ることができます。

では、次に、少し違うパターンを見てみましょう。

【パターン②：石川太郎さんが2分の1の所有権を持っている場合】

権利部（甲区）		（所有権に関する事項）	
順位番号	登記の目的	受付年月日・受付番号	権利者その他の事項
3	所有権移転	平成16年3月24日 第2345号	原因　平成16年3月24日売買 所有者　大田区蒲田六丁目3番2号 　　石　川　幸　一
4	所有権一部移転	平成25年2月2日 第234号	原因　平成25年2月2日贈与 所有者　大田区蒲田六丁目3番2号 持分2分の1　石　川　太　郎

　パターン①との違いは、順位番号4番の登記の目的が「所有権一部移転」となっていることです。これは、もともとの所有者から所有権の一部を移転したということです。つまり、順位番号3番に記載された石川幸一さんは、まだ所有権の一部を持っているということになります。

　では、どれくらいの権利を順位番号4番の石川太郎さんに移転したのでしょうか。それは、権利者その他の事項の欄の「**持分**」から確認します。ここを見ると「2分の1」の持分を移転していることがわかります。

　このことから、今は順位番号3番の石川幸一さんと4番の石川太郎さんが2分の1ずつの割合で不動産を**共有**していることがわかるのです。

それではさらに発展してみましょう。パターン②のように、石川幸一さんと石川太郎さんが２分の１ずつ所有権を持っているときに、順位番号５番で次のような登記が入っている場合を見てみましょう。

【パターン③：石川幸一さんの持分を移転した場合】

権利部（甲区）	（所有権に関する事項）		
順位番号	登記の目的	受付年月日・受付番号	権利者その他の事項
3	所有権移転	平成１６年３月２４日 第２３４５号	原因　平成１６年３月２４日売買 所有者　大田区蒲田六丁目３番２号 石　川　　幸　一
4	所有権一部移転	平成２５年２月２日 第２３４号	原因　平成２５年２月２日贈与 所有者　大田区蒲田六丁目３番２号 持分２分の１　石　川　太　郎
5	石川幸一持分全部移転	平成２５年３月５日 第３４８号	原因　平成２４年１０月２日相続 共有者　大田区蒲田六丁目３番２号 持分２分の１　石　川　陽　子

　順位番号５番のところに「石川幸一持分全部移転」という登記が入っています。これは文字どおり、２分の１の所有権を持っていた石川幸一さんの持分の全部が移転したということを表しています。

　このことから、今は、石川太郎さんと石川陽子さんが２分の１ずつの割合で不動産を**共有**しているということがわかるのです。

　このように、甲区からはその不動産の所有者の流れを確認することができます。その不動産の所有者の歴史をたどるつもりで、じっくりと読み取ってみて下さい。

乙区を見てみましょう

　甲区の下に位置する乙区には、不動産の**「所有権以外の権利」**に関する内容が記載されています。「いつ・誰が・どのような権利を・どういう経緯で」この不動産に対して持っているのかを読み取ることができます。

　乙区の権利で代表的なものは、「抵当権」です。不動産の所有者が借りたお金の担保に不動産を差し出したときなどに設定される権利です。

　それでは、抵当権の登記が入った乙区を見てみましょう。

権利部（乙区）	（所有権以外の権利に関する事項）		
順位番号	登記の目的	受付年月日・受付番号	権利者その他の事項
1	抵当権設定	平成16年3月24日 第2346号	原因　平成16年3月24日金銭消費貸借 　　　同日設定 債権額　金3，000万円 利息　年2．5％ 債務者　大田区蒲田六丁目3番2号 　　　石川　幸一 抵当権者　千代田区丸の内五丁目1番1号 　　　株式会社乙野銀行
2	抵当権設定	平成16年3月24日 第2347号	原因　平成16年3月24日金銭消費貸借 　　　同日設定 債権額　金1，000万円 利息　年1．5％ 債務者　大田区蒲田六丁目3番2号 　　　石川　幸一 抵当権者　千代田区内幸町四丁目1番2号 　　　株式会社丙谷銀行
3	2番抵当権 抹消	令和2年4月25日 第5234号	原因　令和2年4月25日解除

48

甲区と同じように、「順位番号」「登記の目的」「受付年月日・受付番号」「権利者その他の事項」の記載から、内容を特定していきます。

　「登記の目的」からは権利の種類や目的がわかり、「権利者その他の事項」から、その権利の詳細な内容がわかります。

　前ページの乙区では、順位番号1番・2番から、平成16年3月24日に石川幸一さんが乙野銀行と丙谷銀行から融資を受け、同じ日に、乙野銀行・丙谷銀行をそれぞれ権利者とする抵当権が設定されていることが読み取れます。乙区では、順位番号が早い人が後の人に**優先**して権利がありますので、順位番号1番で設定をした乙野銀行の抵当権が、順位番号2番で設定をした丙谷銀行に優先します。

　その後、順位番号3番のところに「2番抵当権抹消」という登記が入っています。令和2年4月25日に、解除を原因として2番の丙谷銀行の抵当権が抹消されたということが確認できます。登記が抹消されると、該当する登記（2番抵当権）に**下線**が引かれますのでそちらも確認してみましょう。

　2番抵当権が抹消されましたので、今は1番抵当権だけが残っているということになります。

　いかがでしたでしょうか。少し難しかったかもしれません。

　しかし、自分で不動産登記を行う場合には、まず**今現在どのような登記がされているか**を確認しなければ、正しい登記を行うことはできません。自分が登記をしたい不動産が登記簿上どのような状態になっているのか、表題部、甲区、乙区をそれぞれしっかり確認するようにしましょう。

ちょっと確認　〈土地家屋調査士と司法書士〉

　不動産登記の専門家としては、土地家屋調査士と司法書士があげられます。不動産登記に関しては、**土地家屋調査士**は「表題部」に関する登記（建物表題登記、地目変更登記、建物滅失登記など）を、**司法書士**は「権利部」に関する登記（所有権移転登記、抵当権設定・抹消登記、登記名義人住所・氏名変更登記など）を、それぞれ依頼を受けて業として代理することができます。土地家屋調査士と司法書士は不動産登記以外にもそれぞれ下記のような業務を取り扱っています。

土地家屋調査士の代表的な業務

- ☑不動産の表示に関する登記について必要な調査及び測量
- ☑筆界特定の手続についての代理
- ☑土地の筆界が明らかでないことを原
  因とする民事に関する紛争に係る民
  間紛争解決手続についての代理

司法書士の代表的な業務

- ☑商業・法人登記、債権譲渡・動産譲渡登記、成年後見登記または供託に関する手続の代理
- ☑裁判所、検察庁または（地方）法務
  局に提出する書類の作成
- ☑簡易裁判所における訴訟代理等関係
  業務

第2章

「登記申請書」ってどういうもの？

登記申請書の基本を確認しよう
～登記申請書の基礎知識～

　「不動産登記」のこと、第1章で少しはイメージできましたでしょうか。

　この章では、登記申請書の基本を確認していきます。登記の種類に応じて登記申請書を作成するという作業は、登記申請手続のメインです。

　登記の種類ごとの具体的な手続は第4章以降で確認しますので、ここでは登記申請書の基本ルール・基礎知識を押さえましょう。

1 権利部の登記手続の基本的な流れを確認しよう

「権利部」に関する登記については、どのような種類の登記であっても流れは原則共通です。まずはその流れを確認しておきましょう。

「権利部」に関する登記　共通の流れ

　第4章以降で、種類別・場合別の不動産登記手続をそれぞれ確認しますが、「権利部」に関する登記については、共通して次のような流れで手続を進めます。　「権利部」とは P31

　①と②については、順番が前後することもありますが、基本的には「権利部」に関する不動産登記については、①から④の順に手続を進めていきます。全体の流れを意識して手続を進めていきましょう。

①登記申請に向けての準備（必要書類の作成・手配）

登記申請の際には、登記申請書にさまざまな書類・情報を添付することになります。

それぞれの登記ごとに**必要な書類・情報を確認し、登記申請書とともに準備（作成・手配）をする**、というのが第１段階であり、登記申請においてもっとも重要な作業といえます。

②登記の原因となる事実または法律行為

実際に登記の原因となる事実の発生、または、法律行為がなされます。事実の発生とは、人の死亡などを指し、法律行為とは、売買や贈与などを指します。②の後に①ということもあります。

「権利部」に関する登記は、これらの事実または法律行為に基づく権利の変動を、登記簿に反映させるための手続といえます。

③登記申請　　　　　　　　　　　　　　　詳しくは第11章

①と②が確認できたら、管轄の法務局に登記を申請します。登記に必要な登録免許税も登記を申請する時に納めます。

登記を申請したら、あとは無事に登記が完了するのを待ちます。

登記申請の内容に軽微な誤りがあった場合は、補正を行います。適切な補正を行えば、登記を完了させることができます。逆に、重大な誤りがあった場合は、登記が却下されますので注意しましょう。

④完了書類の受領　　　　　　　　　　　　詳しくは第11章

登記申請からおよそ１週間から２週間で登記が完了します。申請した登記が完了すると、登記事項証明書が取得できるようになります。また、登記が完了すると登記識別情報通知書や登記完了証などが法務局から交付されます。登記事項証明書とともにそれらも確認します。

2 表題部の登記手続の基本的な流れを確認しよう

「表題部」に関する登記についても、流れを確認しておきましょう。

「表題部」に関する登記　共通の流れ

「表題部」に関する登記についても、基本的な流れは「権利部」に関する登記と同様です。 「表題部」とは P31

不動産についての物理的な現況を公示するのが「表題部」に関する登記ですが、この物理的現況に変更などがある（あった）場合に、それに伴う登記申請を行う必要があります。

登記申請に向けての準備をし、管轄の法務局に登記を申請して登記の完了を待つ、という流れになります。

「表題部」に関する一定の種類の登記は義務

建物を新築した場合の建物表題登記は、その所有権を取得した日から1か月以内に登記を申請しなければなりません。また、建物が滅失したときは、滅失した日から1か月以内に登記を申請しなければなりません。

このように、「表題部」に関する一定の種類の登記については、登記申請の義務が課せられています。これらが守られなかった場合は、過料に処せられる旨が不動産登記法で定められています。

この点は、「権利部」に関する登記との大きな違いの1つといえます。

不動産登記は必ずしないといけないもの？ P39

「表題部」は土地家屋調査士、「権利部」は司法書士

土地家屋調査士は「表題部」に関する登記申請を、司法書士は「権利部」に関する登記申請を、本人に代わって（本人を代理して）行うことができます。 土地家屋調査士と司法書士 P50

3 登記申請書の基本を確認しよう

「登記申請書」の基本パターンを確認しましょう。

　不動産登記に関する基礎知識の確認が終わりましたので、次の章からはいよいよ具体的な書類集めや書類作成の手続に入っていきます。

　申請する登記に従い、さまざまな書類を収集・作成していくのですが、その前に、最終的に目指す登記申請書の完成形をここで確認しておきましょう。権利部に関する登記のうち、贈与によって所有権移転登記を行うケースを例にとって具体的に確認してみます。

登記申請書の**完成形を確認**しましょう

　作成する申請書と必要書類（ 第3～10章 ）をそろえて、一式組み上げたものが、これから完成を目指す「登記申請書」です。

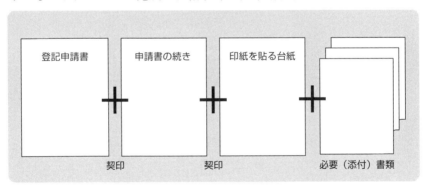

　申請書には、申請する不動産登記の内容を順番に記載し、盛り込んでいきます。

　それでは、実際に作成することになる申請書の記載例を見ながらもう少し具体的に確認していきましょう。

申請書を具体的に見てみましょう

事例：令和３年１月11日に、佐藤太郎は佐藤一郎から贈与によって土地を譲り受けました。

※法務局の処理の関係上、上部を6センチほど余白に

登 記 申 請 書 →①

登記の目的　所有権移転　→②

原　　因　令和３年１月11日　贈与　→③

権　利　者　東京都大田区池上九丁目９番９号

（住民票コード１２３４５６７８９０１）→⑤　　→④

佐　藤　太　郎

義　務　者　東京都大田区池上九丁目９番９号

佐　藤　一　郎

添 付 情 報　→⑥

登記原因証明情報→⑥－１　登記済証→⑥－２

印鑑証明書→⑥－３　　住所証明情報→⑥－４

代理権限証明情報→⑥－５

令和３年１月11日申請　東京法務局城南出張所　→⑦

申請人兼義務者代理人

東京都大田区池上九丁目９番９号　→⑧

佐　藤　太　郎 ㊞

連絡先の電話番号　０３－○○○○－○○○○

課 税 価 格　　金1000万円　→⑨

登録免許税　　金20万円　→⑩

不動産の表示　→（次の項目で詳しく説明しています）
　不動産番号　　０１２３４５６７８９１０１
　所　　在　　大田区池上九丁目
　地　　番　　１２番３４
　地　　目　　宅地
　地　　積　　６０．４５平方メートル

①登記申請書の体裁

　申請書の冒頭には「**登記申請書**」と記載します。

　申請書はＡ４用紙を縦置き・横書きの形式で、原則、不動産ごとに作成して下さい。　複数不動産を一括申請できる場合 Ｐ69

　紙質は長期間保管できる丈夫なもの（**上質紙等**）にし、申請書の上部は、法務局の処理のため６センチメートルほどスペースをあけましょう。

　文字はパソコンで入力して印字する方法が一般的ですが、黒色ボールペンなどによる手書きの方法でも構いません（鉛筆はＮＧ）。１枚におさまりきらない場合は、もう１枚用紙を準備し、**裏面は使わないように**して下さい。

　申請書には申請人全員が印鑑を押し、申請書が２枚以上になるときは、用紙と用紙のつながりがわかるよう、申請書に押す印鑑で**契印**をします。（申請人が２名以上の場合は１名が契印することで差し支えありません。）

　また、申請書に記載する数字についてですが、基本的にはアラビア数字（例：**１ ２ ３**……）を用いて差し支えありません。ただし、住所や不動産の表示における「○**丁目**」の○に入る部分は、漢数字を用いる取扱いになっています（例：千代田区丸の内**五丁目**２番３号）。

②登記の目的

　「登記の目的」の欄には、どのような権利についてどのような登記を
するかを記載します。

　所有権移転登記の場合は、現在の所有者が不動産をどのように所有し
ていたかによって書き方が変わります。

　　単独で所有する所有権を移転　→　**所有権（一部）移転**

　　共有している不動産の持分を移転　→　**佐藤一郎持分全部（一部）移転**

　　２人以上の共有者全員の持分を移転　→　**共有者全員持分全部移転**

③原因

　「原因」の欄には、権利が変動した原因となる事実または法律行為を
記載します。「年月日　贈与」と、効力が生じた日付とともに記載します。

　所有権移転登記の代表的な原因は、**売買、贈与、財産分与、相続**など
です。

④申請人（権利者・義務者）

　不動産登記は**共同申請**が原則です。登記権利者と登記義務者の住所・
氏名（会社の場合は本店・商号・代表者名）を記載します。

　持分を移転する場合や、共有となる場合は、氏名の前にその**持分**も記
載します。

　住所は「１－２－３」というように省略せず、**「一丁目２番３号」と
いうように省略のない形で記載します**。氏名も正確な表記で記載しまし
ょう。

　また、手続を代理人に委任せず、実際に当事者が登記申請を行う場合
は、名前の横に**印鑑**を押し、登記申請書に不備があった場合に法務局か
らの連絡が受けられるよう、連絡先の電話番号も記載します。売主や贈
与をする者など、所有権移転登記における登記義務者本人が申請書に押
印する場合は、**実印**で押印する必要があります。

　なお、相続による所有権移転登記や住所・氏名変更登記など、登記名

義人が単独で申請できる登記については記載が若干異なります。各章で確認しましょう。 住所・氏名変更 第4章 相続 第9章 所有権保存 第10章

⑤住民票コード

　所有権移転登記の場合、新たに所有者となる者の住所証明情報を添付する必要がありますが、住民票コードを記載することで、⑥-4にて後述する添付書類としての住所証明情報（住民票の写しなど）の提出を省略することができます。

⑥添付情報

　「添付情報」の欄には、申請書に添付する書類の名称を記載します。

　贈与による所有権移転登記における原則的な添付書類は**「登記原因証明情報」「登記済証・登記識別情報」「印鑑証明書」「住所証明情報」**です。申請人が他の者に不動産登記手続を委任するときは**「代理権限証明情報」**も記載します。

　なお、申請書が2件以上になるときであっても、添付する根拠が同じで、同時に同じ法務局に提出する場合は、各申請書に共通する添付書類の原本は1部ずつ添付することで足ります。この場合は、そのことがわかるように2件目以降の申請書の添付情報欄に「登記原因証明情報（一部前件添付）」「住所証明情報（前件添付）」のように記載しましょう。

連件申請 P 70

⑥-1　登記原因証明情報

　登記原因証明情報とは、登記の原因となる事実（相続など）または法律行為（売買・贈与など）と、これに基づいて実際に不動産について権利変動が生じたことを証明する情報・書面のことをいいます。

一般的に、下記の書類が登記原因証明情報に該当します。

住所・氏名変更登記	住民票の写し・戸籍謄本
抵当権抹消登記	解除証書・弁済証書
売買による所有権移転登記	売買契約書及び領収書
贈与による所有権移転登記	贈与契約書

　必要な情報が盛り込まれていれば、これらの書類をそのまま登記原因証明情報として添付することもできますが、売買や贈与に伴う所有権移転登記においては、登記用の登記原因証明情報を別途作成するのが一般的です。詳しくは各章で確認しましょう。　P 155、169、183

　なお、建物の所有権保存登記など、例外的に登記原因証明情報が不要な登記もあります。　所有権保存 第10章

　また、相続による所有権移転登記においては、そのパターンにもよりますが、被相続人の出生から死亡までつながる一連の戸籍・除籍・改製原戸籍謄本、相続人の住民票の写しや戸籍謄抄本、遺産分割協議書、印鑑証明書など多くの書類が登記原因証明情報として必要になります。
相続 第9章

■遺産分割による所有権移転登記の一般的な登記原因証明情報

亡くなられた方の戸籍（除籍）謄本 相続人が誰なのかを証明する除籍謄本・改製原戸籍謄本など
亡くなられた方の住民票（除票）または戸籍（除籍）の附票の写し
相続人全員の戸籍謄本（抄本）
遺産分割協議書
相続人全員の印鑑証明書
相続関係説明図

⑥－２　登記済証・登記識別情報

　権利変動に伴う登記を申請した際に、新たに不動産の登記名義人となる者に対して発行されるものが**登記識別情報**です。登記識別情報が発行される前は**登記済証**というものが交付されていました。総称して「**権利証**」と呼ばれることもあります。　登記識別情報通知書サンプル P 251

　登記名義人が登記義務者となって登記を申請する際には、本人を確認する手段として登記識別情報・登記済証を添付します。贈与による所有権移転登記の際には、贈与する者がその不動産を取得した時の登記済証・登記識別情報を添付する必要があるのです。

登記済証サンプル P 79

⑥－３　印鑑証明書

　売買や贈与などによる所有権移転登記の際に、登記によって形式的に不利益を受ける売主や贈与をする者など登記義務者は、申請書または委任状に**実印**を押印し、**印鑑証明書**を添付する必要があります。その登記申請が売主や贈与をする者の真意によるものであり、虚偽の申請ではないことを証明するために必要とされています。

　この印鑑証明書は**作成後３か月以内**のものでなければなりません。

ちょっと発展　〈登記申請書の訂正の方法〉

　登記申請書は、捨印や訂正印によって誤字・脱字を訂正することができます。訂正方法には**直接法**と**間接法**があります。

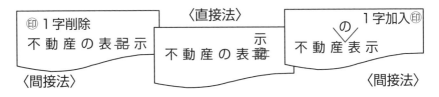

※捨印や訂正印は、申請書に押印したものと同じ印鑑を使用します。

⑥−4　住所証明情報

　不動産登記においては、架空の人物の登記がされてしまうことを防ぐため、新たに不動産の所有者になる者の住所を証する書面を添付する必要があります。具体的には、**住民票の写しや戸籍の附票の写し**です。戸籍の附票の写しとは、同一戸籍内の住所の異動の経緯が記載された書面です。　P 83　　P 84

⑥−5　代理権限証明情報

　不動産登記は登記権利者及び登記義務者の共同申請により、全員で登記を申請するのが原則ですが、司法書士や申請人の代表者、親族に登記申請手続を任せることもできます。その場合には、手続を任された者が、確かに当事者から委任を受けていることを明らかにするために、**委任状**を添付します。　委任状 P 95

　事例のケースで、例えば一郎が贈与による所有権移転登記の手続を太郎に一任したいときは、一郎から太郎への委任状を作成し、添付します。売主や贈与をする者など、所有権移転登記における登記義務者が登記手続を委任する場合は、委任状に**実印**を押印する必要があります。

　また、登記権利者が委任をする場合、委任状には「**登記識別情報通知書の受領に関する件**」という記載を盛り込むようにしましょう。

　登記識別情報通知書は、新たに登記名義人となる者に対して、登記完了時に申請人ごと、また、不動産ごとに発行されるものです。新たに所有者になる者だけが受領できる書類のため、委任事項の中に登記識別情報通知書の受領に関する記載がない場合、代理人は完了書類受領の際に、登記識別情報通知書を受け取れないことになってしまいます。

登記識別情報通知書サンプル P 251

62

⑥ーその他　評価証明書　　詳しくはP89

　不動産登記を申請する場合には、所定の登録免許税を納めなければなりません。売買や贈与、相続による所有権移転登記など定率方式により登録免許税を算定する場合は、その登録免許税の計算の根拠を証明する書類として、不動産の価格が確認できる書面を添付します。具体的には、**固定資産評価証明書**が該当します（評価証明書は、法律上の添付書類ではないのですが、実務上は添付する取扱いです。申請書の添付書類の欄には記載しませんが、この本では必ず添付するものとして説明します）。

　固定資産評価証明書は、**その不動産登記を申請する年度のもの**である必要があります。また、不動産登記を申請する年度の**固定資産税納税通知書**（課税明細書がついているもの）に金額などの記載があれば評価証明書の代わりに使用することもできます。

　ちょっと確認　〈不動産番号と不動産の表示〉

　不動産の登記事項証明書には、表題部に不動産番号というものが記載されています。

　1つの不動産ごとに割り振られている番号なのですが、これを登記申請書に記載することで、土地の所在、地番、地目、地積（建物の所在、家屋番号、種類、構造、床面積）の記載を省略することができます。

　ただし、敷地権の種類、敷地権の割合の記載は省略できないことなどから、この本では原則通り、必要な事項を正確に記載する方法ですべての登記申請書を案内しています。

表題部（主である建物の表示）		調製	余白	不動産番号	123456790
所在図番号	余白				
所在	東京都港区芝八丁目　1番地2		余白		

⑦申請日と管轄　詳しくはP80

「申請日と管轄」の欄には、登記を申請する日付と管轄法務局を記載します。

窓口に持参して登記申請をする場合は、申請日を記載しましょう。

郵送で申請する場合、申請日は法務局に届く日を記載するのが原則ですが、空欄のままでも問題はないようです。

管轄は、登記をする不動産によって決まっています。管轄を間違えてしまうと、登記の却下事由になりますので、絶対に間違えないようにしましょう。

⑧代理人の表示

代理人が委任を受けて登記を申請する際には、代理人の住所・氏名・連絡先電話番号を記載し、押印します（認印で可）。

事例のケースのように登記権利者が登記義務者から委任を受ける場合は、「申請人兼義務者代理人」と記載します。

⑨課税価格　詳しくはP90

定率方式に基づき登録免許税を納める登記については、「課税価格」の欄に、登録免許税の計算の根拠となる課税価格を記載します。

贈与による所有権移転の際の課税価格とは、固定資産評価証明書または固定資産税納税通知書の課税明細書に記載された固定資産の価格のうち、1,000円未満の金額を切り捨てた金額です。

1つの申請書に不動産が2つ以上ある場合は、すべての不動産の固定資産の価格を合算した後に、1,000円未満の金額を切り捨てます。

なお、固定資産の価格が1,000円に満たないときは、課税価格は1,000円となります。

⑩登録免許税　詳しくはP90

「登録免許税」の欄には、登録免許税の金額を記載します。

申請する登記原因によって算定方法は異なります。贈与による所有権

移転登記の際の登録免許税は、以下の通りです。

課税価格×2%（1,000分の20）＝登録免許税

計算して出てきた金額の100円未満の金額は切り捨てます。

なお、登録免許税が1,000円に満たないときは、1,000円となります。

⑩－その他　収入印紙の準備　詳しくはP94

登録免許税の納付方法には収入印紙を登記申請書に貼付する方法と現金納付による方法がありますが、収入印紙を貼付する方法のほうが一般的ですので、この本では収入印紙による方法で統一しています。

収入印紙は法務局内や、法務局の近くに売場が設置されていることがほとんどです。郵便局や一部のコンビニエンスストアでも取り扱いがされていますが、高額の収入印紙については用意がされていないこともありますのでご注意下さい。

収入印紙を登記申請書に貼る際は、申請書に白紙を1枚添付し、そこに貼るようにしましょう。申請書と収入印紙を貼った用紙は、必ず契印しましょう。　詳しくはP236

ちょっと確認　〈契印の方法〉

登記申請書や登記原因証明情報、委任状など、捺印する書類が2枚以上になる場合には、契印を押す必要があります。書類と書類とのつながりを証明するために必要とされています。

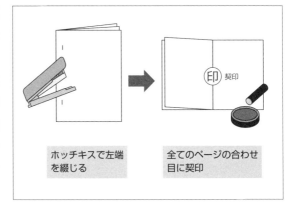

ホッチキスで左端を綴じる

全てのページの合わせ目に契印

4 不動産の表示方法を確認しよう

申請書などに記載する不動産の正しい表示方法をここで確認しておきましょう。

「不動産の表示」の欄には、登記をする不動産の情報を記載します。

なお、登記事項証明書に記載された不動産番号を記載することで、不動産の表示の記載の一部または全部を省略できます。 P63

ここでは、土地や建物、マンションなどの、省略をしない形での不動産の表示の記載方法を確認します。登記事項証明書を確認しながら記載しましょう。 登記事項証明書の読み方 P41

【土地の場合】 所在、地番、地目、地積を記載します。

```
所   在   さいたま市大宮区浅間町三丁目
地   番   25番15
地   目   宅地
地   積   157.24平方メートル
```

【区分建物以外の建物の場合】 区分建物と区分建物以外の建物 P41

所在、家屋番号、種類、構造、床面積を記載します。

```
所   在   さいたま市大宮区浅間町三丁目　25番地15
家屋番号   25番15
種   類   居宅
構   造   木造スレートぶき2階建
床 面 積   1階　65.43平方メートル
           2階　65.43平方メートル
```

【敷地権付区分建物の場合１】　「一棟の建物の表示」と「専有部分の建物の表示」、「敷地権の表示」を順番に記載します。　敷地権付区分建物　P44

```
一棟の建物の表示
    所    在    新宿区戸山五丁目５番地５
    建物の名称    マンション戸山
専有部分の建物の表示
    家 屋 番 号    戸山五丁目　５番５の１０１
    建物の名称    １０１
    種    類    居宅
    構    造    鉄筋コンクリート造１階建
    床 面 積    １階部分　５５．５５平方メートル
敷地権の表示
    土地の符号    １
    所在及び地番    新宿区戸山五丁目５番５
    地    目    宅地
    地    積    ５５５．５５平方メートル
    敷地権の種類    所有権
    敷地権の割合    １００００分の１０
```

> 登記事項証明書の一棟の建物の表示に「建物の名称」があるときは、構造と床面積を省略できます

【附属建物がついている場合】　区分建物以外の建物の場合はその表示の次に、区分建物の場合は「専有部分の建物の表示」の次に「附属建物の表示」を記載します。

```
附属建物の表示
    符    号    １
    種    類    物置
    構    造    鉄筋コンクリート造スレートぶき平家建
    床 面 積    １２．３４平方メートル
```

【敷地権付区分建物の場合２】 登記事項証明書の「一棟の建物の表示」欄に「建物の名称」がない場合は、構造と床面積をすべて記載します。

```
一棟の建物の表示
  所    在    新宿区戸山五丁目５番地５
  構    造    鉄筋コンクリート造陸屋根５階建
  床 面 積    １階　１００．００平方メートル
              ２階　１００．００平方メートル
              ３階　１００．００平方メートル
              ４階　１００．００平方メートル
              ５階　１００．００平方メートル
専有部分の建物の表示
  家 屋 番 号    戸山五丁目　５番５の１０１
  建物の名称    １０１
  種    類    居宅
  構    造    鉄筋コンクリート造１階建
  床 面 積    １階部分　５５．５５平方メートル
敷地権の表示
  土地の符号    １
  所在及び地番  新宿区戸山五丁目５番５
  地    目    宅地
  地    積    ５５５．５５平方メートル
  敷地権の種類  所有権
  敷地権の割合  １０２００分の１０
```

【敷地権付でない区分建物の場合】 敷地権付区分建物ではない区分建物の場合は、敷地権付区分建物の表示から「敷地権の表示」を除いた部分を記載します。

5 まとめて1件で登記申請できる場合を確認しよう

複数の不動産をまとめて申請できる場合があります。

登記申請は、不動産ごとに登記申請書を作成するのが原則ですが、複数の不動産をまとめて1件で登記申請できる場合があります。

例えば、父親が長男に対して、単独で所有している土地と建物を同じ日に贈与し、それに基づいて所有権移転登記をするといったケースです。

まとめて1件で申請ができる場合については法律で定められていますが、事前に法務局に確認をするようにしましょう。1件で申請ができる場合でも、かえってわかりにくくなってしまいそうな場合は、原則通り別々に不動産登記を申請することをおすすめします。

例1） 同じ買主と売主が同じ管轄内の土地と建物（ともに単独所有）を、同じ日付で売買
⟹ **1件の登記申請で土地と建物について登記可能**

例2） 亡くなられた方が単独で所有していた同じ管轄内の土地と建物を、妻がすべて単独で相続
⟹ **1件の登記申請で土地と建物について登記可能**

例3） 亡くなられた方が単独で所有していた同じ管轄内の土地と建物について、土地は妻が、建物は長男がそれぞれ単独で相続
⟹ **土地と建物についてそれぞれ別々に相続登記を申請**

例4） 土地を父が、建物を子が所有している場合で、父と子が同じ日付で同一の住所に引越し
⟹ **土地と建物についてそれぞれ別々に住所移転登記を申請**

第2章

6 連件で登記申請する場合を確認しよう

複数の登記を併せて申請する場合の申請方法を確認しましょう。

連件で登記を申請する場合の注意点

2件以上の登記を併せて申請する場合も、基本的な申請書の組み上げ方は前ページと同様です。

そのうえで、連件で申請することがわかるよう、登記申請書の上部に鉛筆で「1／2」、「2／2」といったように番号を記しましょう。

また、登記申請書の添付情報の欄に「住所証明情報（前件添付）」「代理権限証明情報（一部後件添付）」といったように前件（または後件）の添付書類を援用していることを記載することで、同じ添付書類を複数添付する必要がなくなります。（ただし、併せて提供できる添付書類に限ります。）

【連件の際の登記申請書抜粋】

1／2	2／2
登記申請書	登記申請書

鉛筆で連件であることがわかるよう番号を記載

【連件の際の登記申請書：添付情報の書き方サンプル】

添付情報	登記原因証明情報	登記識別情報
	住所証明情報 **（前件添付）**	印鑑証明書
	代理権限証明情報	

援用したことがわかるよう「（前件添付）」「（一部後件添付）」といったように記載

第**3**章

いよいよ準備開始。必要な作業を確認しよう

登記申請準備の基本を確認しよう
～登記申請準備の基礎知識～

　登記申請書には、さまざまな書類を添付する必要があります。また、不動産登記の申請には原則的に登録免許税を納付する必要があります。

　この章では、登記事項証明書の取得方法や添付書類・添付情報の取得・作成方法、登録免許税の納付方法など、登記申請準備の基本ルールを確認します。基本を押さえておけば具体的な手続もスムーズに進めることができますので、じっくり確認しましょう。

どんな不動産があるか確認しよう

登記手続をする不動産に漏れが出ないよう、まずは登記手続が必要な不動産をすべて把握しましょう。

地番や家屋番号を確認しましょう

　すべての不動産登記において共通して必要な作業が、不動産の確認です。例えば自宅や別荘など不動産自体が存在することを知っていても、それだけでは不動産登記の手続には十分ではありません。

　日本では、全国の１つ１つの土地や建物を識別できるように、未登記の不動産を除いて、土地には「地番」、建物には「家屋番号」が土地や建物ごとにそれぞれつけられるようになっています。不動産登記の手続で重要なのは、その不動産の「**地番**」や「**家屋番号**」を知ることです。

　なぜなら、不動産に関する情報を確認するために必要な登記事項証明書（登記簿謄本）等を取得するには、「地番」や「家屋番号」で特定しなければならないからです。

　少し難しい点は、不動産の「地番」や「家屋番号」はいわゆる住所とは違うことが多いということです。不動産の所在場所がわかっていたとしても、「地番」や「家屋番号」を知っていることにはなりません。では、「地番」や「家屋番号」はどのように確認をすればよいでしょうか。

納税通知書や権利証、古い登記簿謄本などから確認できます

　地番や家屋番号は、固定資産税納税通知書や、その不動産の権利証（登記済証・登記識別情報通知書）、昔の登記簿謄本（登記事項証明書）、契約書（売買契約書、抵当権設定契約書）などに記載されていますので、それらの書類から確認をすることができます。

　まずはそれらの書類がないかどうか、探してみましょう。

不動産がわからないときは**名寄帳**を確認しましょう

　都税事務所や市区町村役場で**名寄帳**を確認するのも１つの方法です。名寄帳には原則として、ある者が管轄地域内に所有している不動産が「地番」や「家屋番号」で特定する形式で記載されています。

　記載されているのはあくまで管轄地域内（市区町村単位）にある不動産だけということ、また、共有の場合は、市区町村によっては別途請求が必要な場合や名寄帳に反映されない場合もある点など注意が必要です。

　しかし、私道の持分の存在など想定していなかった不動産が見つかることがありますので、どんな不動産があるのかあいまいな場合は、手掛かりとして名寄帳を確認することをおすすめします。

　なお、名寄帳の写しを取得する際には、請求書や身分証明書、手数料などが必要になります。

マンション・アパートの場合の地番と家屋番号

　マンションやアパートなどの区分建物の場合は、建物と土地が別々に登記されている場合と、建物と土地が一体となって登記されている場合があります。別々に登記されている場合は、権利証が建物部分と土地部分で別々になっています。建物の家屋番号と土地の地番をそれぞれ確認しましょう。　**参考 P 43、44**

法務局を上手に利用しましょう

　もし手元にある資料からは「地番」や「家屋番号」がわからない場合で、住所だけはわかっている場合は、管轄の法務局の窓口で確認してみましょう。住所から「地番」「家屋番号」を可能な範囲ではありますが教えてもらうことができます。また、ブルーマップや地番検索システム、登記情報提供サービスで探してみるのも１つの方法です。

登記情報提供サービス P 76

2 登記事項証明書（登記簿謄本）を取得しよう

確認した地番・家屋番号から登記事項証明書を取得しましょう。登記完了後にも取得します。

登記事項証明書は**全国どこの法務局**でも請求できます

登記事項証明書は原則として、不動産の所在地にかかわらず、**全国どこの法務局の窓口**でも取得することができます（ごくまれに、管轄の窓口でしか取得できない不動産があります）。

また、不動産の所有者にかかわらず**誰でも**取得することができます。

確認できた地番や家屋番号を交付申請書に記入し、窓口に提出して請求をします。交付申請書は法務局に置いてあります。また、法務省のホームページ（https://www.moj.go.jp/）からもダウンロードできます。

手数料は**収入印紙**で納めます

登記事項証明書は1通につき600円の手数料がかかります（令和3年11月1日現在）。請求通数分の収入印紙を購入し、交付申請書に貼って提出する方法で納めます。収入印紙は郵便局などで購入することができますし、法務局内に収入印紙の販売窓口が置かれていることが多いです。

窓口以外の請求方法

実際に窓口に行って請求する方法の他、郵送での請求やオンラインでの請求も可能です。オンラインで請求をするには電子証明書の取得や、特別な設定が必要で面倒なため、窓口での請求、あるいは郵送での請求をおすすめします。

なお、登記が完了した後には、申請した通りに登記が完了しているかどうか内容を確認するために登記事項証明書を再度取得します。

参考 P 249

74

■登記事項証明書交付申請書サンプル

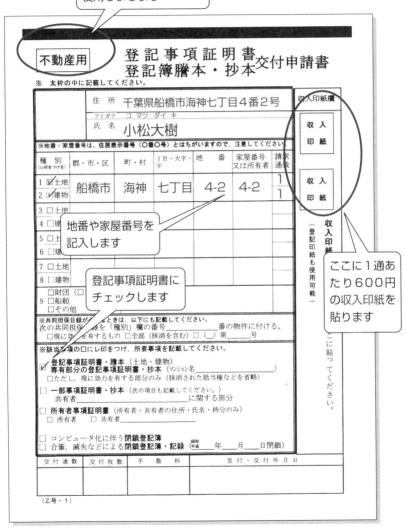

不動産用の交付申請書を使用しましょう

不動産用

登記事項証明書
登記簿謄本・抄本交付申請書

※ 太枠の中に記載してください。

住 所	千葉県船橋市海神七丁目4番2号

フリガナ　コ マ ツ　ダ イ キ
氏　名　**小松大樹**

収入印紙欄

収入印紙

収入印紙

※地番・家屋番号は、住居表示番号（○番○号）とはちがいますので、注意してください。

種　別 （レ印をつける）	郡・市・区	町・村	丁目・大字・字	地　番	家屋番号 又は所有者	請求 通数
1 ☑土地 2 ☑建物	船橋市	海神	七丁目	4-2	4-2	1 1
3 □土地						
4 □建物						
5 □土地						
6 □建物						
7 □土地						
8 □建物						
9 □財団 □船舶 □その他						

地番や家屋番号を記入します

登記事項証明書にチェックします

収入印紙（登記印紙も使用可能）

ここに1通あたり600円の収入印紙を貼ります

※共同担保目録があるときは、以下にも記載してください。
次の共同担保目録を「種別」欄の番号_____番の物件に付ける。
□現に効力を有するもの　□全部（抹消を含む）□（　）第_____号

※該当事項の□にレ印をつけ、所要事項を記載してください。
☑ **登記事項証明書・謄本（土地・建物）**
☑ **専有部分の登記事項証明書・抄本**（マンション名_____）
　□ただし、現に効力を有する部分のみ（抹消された抵当権などを省略）

□ **一部事項証明書・抄本**（次の項目も記載してください。）
　共有者_____に関する部分

□ **所有者事項証明書**（所有者・共有者の住所・氏名・持分のみ）
　□ 所有者　　　□ 共有者

□ コンピュータ化に伴う**閉鎖登記簿**
□ 合筆、滅失などによる**閉鎖登記簿・記録** 昭和/平成____年____月____日閉鎖

交 付 通 数	交 付 枚 数	手 数 料	受 付 ・ 交 付 年 月 日

（乙号・1）

ここに貼ってください。

窓口で取得する場合

　必要事項を記入した交付申請書に、手数料分の収入印紙を貼り、法務局の「登記事項証明書請求窓口」に提出します。

　特別混雑していなければ、10分から20分程度で交付されます。

郵送で取得する場合

　必要事項を記入した交付申請書に、手数料分の収入印紙を貼り、切手を貼った返信用封筒を同封の上、法務局に郵送します。

　送付先の法務局は、原則として全国どこの法務局でも構いませんが、ごくまれに管轄の法務局でしか取得できない不動産があるので注意しましょう。なお、発送・返送ともに普通郵便でも構いません。

取得できる場所	法務局（原則、全国どこでも取得できる）
取得できる人	誰でもOK
取得方法	地番や家屋番号を記入した申請書を提出
手数料	1通600円（窓口取得・郵送取得）※

※50枚を超える場合は金額が加算されます。　　　　　　　（令和3年11月1日現在）

ちょっと発展　〈登記情報提供サービスとは〉

　一般財団法人民事法務協会が運営する、不動産や会社・法人の登記情報などを、インターネットを利用してパソコンの画面上で確認できるサービスです（https://www1.touki.or.jp/gateway.html）。

　法務局で発行される登記事項証明書とは違い、証明書としての効力はありませんが、請求をした時点での最新の登記情報を確認することができ、また、プリントアウトをすることもできます。基本的には、登記事項証明書の取得をおすすめしますが、手数料も安く済み、自宅でも確認できますので、こちらのサービスを利用してみるのも1つの方法です。

3 登記事項証明書から権利関係を確認しよう

第1章を復習しながら、不動産の登記内容を確認しましょう。

　登記事項証明書が取得できたら最初に行うのが、**所有者が誰なのか、どんな権利がついているのか**という確認です。古い権利証があっても、実は既に売却済みで所有者は別の人になっていた、ということもあります。登記事項証明書の表題部や甲区、乙区を見て、その不動産の所有者や権利関係などを確認しましょう。　登記事項証明書の読み方 P41

■登記事項証明書　甲区

権利部（甲区）　（所有権に関する事項）			
順位番号	登記の目的	受付年月日・受付番号	権利者その他の事項
3	所有権移転	平成28年2月3日 第1987号	原因　平成27年12月28日相続 所有者　港区芝八丁目1番2号 　大　山　一　郎

> 大山一郎さんが所有権全部を持っていることが確認できます

■登記事項証明書　乙区

権利部（乙区）　（所有権以外の権利に関する事項）			
順位番号	登記の目的	受付年月日・受付番号	権利者その他の事項
1	抵当権設定	平成26年3月24日 第2346号	原因　平成26年3月24日 　金銭消費貸借同日設定 債権額　金3,000万円 利息　年2.5% 債務者　大田区蒲田六丁目 　石川　幸一 抵当権者　千代田区丸の内 　五丁目1番1号 　株式会社乙野銀行

> 乙野銀行が抵当権を設定していることが確認できます

第3章

4 登記識別情報・登記済証を確認しよう

一般的に権利証と呼ばれる登記済証、そして登記識別情報。どちらも登記手続において非常に重要な意味を持ちます。

登記識別情報とは

　不動産を取得するなどして登記名義人になった申請人に対して通知されるのが登記識別情報です。登記識別情報は12ケタの英数字の組み合わせで、不動産ごと・所有者など登記名義人ごとに定められます。

　例えばその不動産を売却する場合には、不動産を取得したときに通知された登記識別情報を、売却に伴う所有権移転登記の際に提供する必要があります。登記名義人本人からの申請であることを法務局が確認するために提供が求められるのです。　登記識別情報通知書サンプル P251

登記済証とは

　登記済証とは、法務局がオンライン指定庁となる前に、登記が完了したときに登記名義人となった者に対して交付された書面です。例えばその不動産を売却する場合には、取得したときに交付された登記済証を、売却に伴う所有権移転登記の際に提出する必要があります。登記名義人本人からの申請であることを法務局が確認するために提出が求められるのです。

　不動産登記法が改正され、全国の法務局も順次オンライン化が進められ、現在ではすべての法務局がオンライン指定庁となりました。そのため、一部の例外を除いて、新たに登記名義人となった者に対しては登記識別情報が通知されるようになっています。

　しかし、オンライン指定庁になる以前に登記名義人となっていた者にとっては、取得した当時の**登記済証**が今でも効力を有しているということになります。　抵当権登記済証サンプル P130

78

■登記済証サンプル

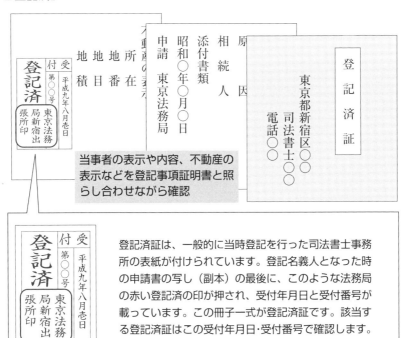

当事者の表示や内容、不動産の表示などを登記事項証明書と照らし合わせながら確認

登記済証は、一般的に当時登記を行った司法書士事務所の表紙が付けられています。登記名義人となった時の申請書の写し（副本）の最後に、このような法務局の赤い登記済の印が押され、受付年月日と受付番号が載っています。この冊子一式が登記済証です。該当する登記済証はこの受付年月日・受付番号で確認します。

第3章

　登記済証の形式は作成した司法書士によって異なり、また登記済の印も時代によって少しずつ変化しています。登記済証の盗難・偽造などの事件も起きていますので、慎重に管理し、手続に使用する際は入念に確認するようにしましょう。

5 不動産の管轄を確認しよう

登記は不動産を管轄する法務局に申請します。
登記を申請する不動産の管轄の法務局を確認しましょう。

不動産の管轄は登記を申請するために大切な情報です

登記事項証明書は、原則、全国どこの法務局でも取得することができます。しかし、最終的に不動産登記を申請する際には、**その不動産を管轄する法務局**に申請しなければなりません。

管轄は登記する不動産の所在地で確認します

それでは、実際に登記する不動産の管轄はどのように確認すればよいでしょう。管轄は、**不動産の所在地**によって決められています。

取得した登記事項証明書の表題部から不動産の所在地を確認し、この所在地の管轄がいったいどこになるのかを確認していくことになります。

なお、現在の登記事項証明書は、管轄外の法務局で取得した場合、最終ページの下部に取得した法務局と併せて管轄の法務局が記載されます（管轄の法務局で取得した場合は取得法務局のみ記載されます）。登記事項証明書を取得した段階での管轄はそこで確認することができます。

必ず最新の情報をチェックしましょう

管轄は**法務局の統廃合など**により変わってしまうことがあります。

法務局のホームページには最新の管轄が掲載されるようになっています。登記申請の前にはそちらを確認するか、法務局に直接確認するなど、必ず最新の管轄の確認をしましょう。

管轄は法務局のホームページで最新情報を確認しましょう。
https://houmukyoku.moj.go.jp/homu/static/

6 不動産に関するその他の資料を取得しよう

公図や地積測量図、建物図面など、法務局では登記事項証明書以外にも取得できるものがあります。確認しておきましょう。

登記事項証明書以外に法務局で取得できる書類

法務局には登記記録だけではなく、さまざまな書類・情報が保管されています。登記の種類によっては、登記事項証明書以外の書類を取得して確認をしたほうがよい場合があります。

■代表的なもの

土地所在図	一筆の土地の所在を明らかにする図面
地積測量図	一筆の土地の地積に関する測量結果を明らかにする図面
建物図面	一個の建物の位置を明らかにする図面
公　図	地図または地図に準じる図面

申請書に必要事項を記入し、法務局へ提出しましょう

法務局に備えつけてある「地図・地積測量図等の証明書・閲覧申請書」に必要事項を記入し、手数料分の収入印紙を貼付して管轄の法務局に提出します。郵送での請求も可能です。

手数料は1通につき450円です（令和3年11月1日現在）。

現地確認・契約内容確認の重要性

この本では登記の手続的な部分に重点を絞って記載をしていますが、特に新たに不動産の所有者となるような登記（売買や贈与など）を行う場合には、事前にその不動産の現況を確認することも重要です。また、登記の前提となる各種契約書（売買契約書など）についてもしっかりと内容を確認しておきましょう。

第3章

7 市区町村役場での書類の取得方法を確認しよう

住民票の写しや印鑑証明書、戸籍謄本など、市区町村役場で取得しなければならない書類があります。取得方法を確認しましょう。

市区町村役場で取得すべき書類

どの登記に何を添付する必要があるかは第4章以降に詳しく記載しますが、ここでは市区町村役場での書類の取得方法を確認します。

住民票の写しや印鑑証明書、戸籍謄本等は誰でも取得できるものではありません。取得できる者や取得の際に必要なものなど取得の方法を確認しておきましょう。わからない場合は、市区町村役場に電話などで確認してみましょう。

【市区町村役場で取得できる代表的な添付書類】

書類	使用する登記の代表例	取得方法
住民票の写し	登記名義人住所・氏名変更 所有権移転 （売買、贈与、財産分与、相続など） 所有権保存 建物表題登記	P 83
印鑑証明書	所有権移転 （売買、贈与、財産分与、相続など）	P 83
戸籍謄本等(※)	登記名義人氏名変更 所有権移転（相続など）	P 84
住宅用家屋証明書	所有権移転（売買） 所有権保存 抵当権設定	P 84
固定資産評価証明書	所有権移転 （売買、贈与、財産分与、相続など）	P 85

※戸籍謄抄本・除籍謄抄本・改製原戸籍謄抄本・戸籍の附票の写しなど

住民票の写しの取得方法を確認しましょう

新たに所有権の登記名義人となる者が、現に存在する者であること（架空の人物でないこと）を証明するとともに、登記記録上の住所が実際の住所と異ならないようにするために添付が必要とされています。

また、登記名義人住所変更登記においては、その変更の経緯を証する情報としての添付が必要です。 **第4章**

申請できる人	同一世帯の者・代理人（要委任状）　他
取得できる窓口	住所地の市区町村役場（郵送可 **P86** ）
取得に必要な費用	市区町村によって異なる
必要書類（他の書類が必要になる場合あり）	申請書（窓口にあります）　身分証明書 郵送の場合は定額小為替と返信用封筒（切手） 代理の場合は委任状

印鑑証明書の取得方法を確認しましょう

登記申請によって形式的に不利益を受ける者（売主、贈与をする者など）について、その申請がそれらの者の真意によるものであって、虚偽の申請ではないことを証するために添付が必要とされています。

また、遺産分割協議書に基づく相続登記においては、遺産分割協議書の添付書類として相続人の印鑑証明書の添付が求められます。 **第9章**

申請できる人	本人・代理人（本人の印鑑カードが必要）
取得できる窓口	印鑑登録している市区町村役場（郵送不可）
取得に必要な費用	市区町村によって異なる
必要書類	申請書（窓口にあります）　身分証明書 印鑑カード（印鑑カードがあれば代理の場合も委任状不要）

戸籍謄本等の取得方法を確認しましょう

相続による所有権移転登記（相続登記）においては、相続関係を証する情報として戸籍謄本等の添付が求められます。　**第9章**

登記名義人氏名変更登記においては、その変更の経緯を証する情報として戸籍謄本等の添付が必要です。　**第4章**

また、本籍地において戸籍とともに保管されていて、本籍がある者の住所の履歴が記録される戸籍の附票の写しというものがあります。この戸籍の附票の写しを、住民票の写しの代わりに添付することもあります。

申請できる人	本人・配偶者・直系血族・代理人（要委任状）他
取得できる窓口	本籍がある、もしくはあった市区町村役場 （郵送可　**P86**　　**取得する戸籍謄本等 P196**　）
取得に必要な費用	戸籍謄本　　　　　　　　　　　　1通450円※ 除籍・改製原戸籍謄本　　　　　　1通750円※ 戸籍（除籍）の附票の写し　　市区町村による
必要書類（他の書類が 必要になる場合あり）	申請書（窓口にあります）　身分証明書 郵送の場合は定額小為替、返信用封筒（切手） 代理の場合は委任状

※条例により金額が異なる市区町村があります。

住宅用家屋証明書の取得方法を確認しましょう　詳しくはP87

個人の居住用家屋に関する、所有権保存・売買による所有権移転・抵当権設定の各登記について、租税特別措置法に定める要件を満たすときは、その旨を証する住宅用家屋証明書を添付することで、登録免許税の軽減が受けられます。　**第5章、第6章、第10章**

申請できる人	誰でも可
取得できる窓口	不動産所在地の市区町村役場（郵送可の場合あり）
取得に必要な費用	市区町村によって異なる
必要書類（他の書類が必要になる場合あり）	申請書（窓口にあります）　売買契約書 登記事項証明書　住民票の写し　など

固定資産評価証明書の取得方法を確認しましょう　詳しくはP89

　売買、贈与、財産分与及び相続などに基づく所有権移転登記については、登録免許税を不動産の価格に基づいて計算します。これらの計算及び算定の根拠を明らかにするために添付が求められます。

　公衆用道路などの固定資産税が課せられていない不動産についても、登録免許税は課せられるのが原則です。非課税となっている不動産についても、原則として固定資産評価証明書を取得する必要があります。

取得する理由	登録免許税の計算のため
申請できる人	不動産所有者、相続人、代理人（要委任状）他
取得できる窓口	不動産所在地の市区町村役場 都税事務所（東京都23区内の不動産についてはどの都税事務所でも取得可能） （郵送可　P86　）
申立に必要な費用	市区町村によって異なる
必要書類（他の書類が必要になる場合あり）	申請書（窓口にあります）　身分証明書 相続人からの請求の場合は相続関連書類 郵送の場合は定額小為替、返信用封筒（切手） 代理の場合は委任状

各書類を**窓口**で取得する場合

　必要事項を記入した申請書を窓口に提出します。一般的には10分から20分程度で交付されます。窓口で手数料を支払います。

各書類を**郵送**で取得する場合

　必要事項を記入した申請書（必要な事項がもれなく記載されていれば、必ずしも所定の用紙を使用する必要はなく、手書きなどによる書面でも構いません。）と必要書類、手数料分の定額小為替、そして切手を貼った返信用封筒を同封の上、市区町村役場などに郵送します。

　必要書類や手数料額、送付先など、間違いがあると二度手間になってしまいますので、送付する前に管轄の市区町村役場に電話で確認しておくと安心です。市区町村役場のホームページにわかりやすい説明がある場合もありますのでそちらを確認するのもよいでしょう。

■住民票等を代理で取得する場合の委任状サンプル

委　任　状

千葉県浦安市舞浜五丁目15番25号

山下　太郎

私は、上記の者を代理人と定め下記の権限を委任します。

記

1．委任事項　住民票の写しの請求　1通
2．使途など　住所変更登記のため法務局に提出

以上

令和3年4月2日

委任者　住所　千葉県浦安市舞浜五丁目15番25号

氏名　山下　喜一　（山下）

8 住宅用家屋証明書とは?

住宅用家屋証明書とはどのような書類でどのような場面で必要になるのでしょうか。

　登記申請の際には、登録免許税を納めなければなりませんが、所有権保存、所有権移転、抵当権設定の各登記について、下記の条件を満たしている場合は、登録免許税の軽減を受けることができます。

　登録免許税の軽減を受けるためには、条件を満たしていることを証する住宅用家屋証明書を登記申請の際に添付する必要があります。申請書に条文も記載しますのでここで確認しましょう。

【所有権保存】

　個人が**新築**または**建築後使用されたことのない住宅用家屋**を取得し、**居住の用に供したこと**など。（新築または取得後１年以内に登記を受けるものについて。）

租税特別措置法第72条の2	税率　1.5／1,000
租税特別措置法第74条（特定認定長期優良住宅の場合）	税率　1／1,000
租税特別措置法第74条の2（認定低炭素住宅の場合）	税率　1／1,000

（令和３年11月１日現在）

【所有権移転】

　個人が住宅用家屋を**売買・競落**により取得し、**居住の用に供したこと**。ただし、耐火建築物以外の家屋は建築後**20年以内**であること。耐火建築物の場合は建築後25年以内であることなど。（取得後１年以内に登記を受けるものについて。）

租税特別措置法第73条	税率　3／1,000
租税特別措置法第74条（特定認定長期優良住宅の場合）	税率　1／1,000
（一戸建ての特定認定長期優良住宅の場合は税率２／1,000）	
租税特別措置法第74条の2（認定低炭素住宅の場合）	税率　1／1,000

（令和３年11月１日現在）

第3章

【抵当権設定】

個人が**新築または増築のため、**もしくは**居住の用に供する新築または既存家屋の取得のための住宅資金貸付担保**であること。ただし、耐火建築物以外の家屋は建築後20年以内であること。耐火建築物の場合は建築後25年以内であることなど。（新築または取得後1年以内に登記を受けるものについて。）

租税特別措置法第75条　　税率　1／1,000

（令和3年11月1日現在）

なお、いずれの場合においても、住宅専用面積が50㎡以上で、区分建物の場合は、原則として耐火または準耐火建築物であることが求められます。

市区町村役場で取得しよう

住宅用家屋証明書はその建物の管轄の市区町村役場で取得します。申請書のほかに、下記のような書類を提示・提出する必要があります。また、所定の手数料も納めます。住民票を異動していない場合に必要な書類や手数料の金額、郵送申請の可否など、市区町村によって取り扱いが若干異なる場合があります。取得する場合は事前に市区町村役場に電話で確認しておくことをおすすめします。

【注文住宅】
・登記事項証明書　　　・住民票の写し
・特定認定長期優良住宅の場合は申請書副本、認定通知書写しなど
【建売住宅】
・登記事項証明書　　　・住民票の写し
・売買契約書　　　　　・家屋未使用証明書
・特定認定長期優良住宅の場合は申請書副本、認定通知書写しなど
【中古住宅】
・登記事項証明書　・住民票の写し　　・売買契約書など

9 固定資産評価証明書とは?

登録免許税を計算するために必要になります。

　定率方式により登録免許税を算出する登記の場合、登記申請の際に納める登録免許税の計算の際に、土地や建物の価格が必要になります。そしてその計算の根拠を明らかにするために、土地や建物それぞれの価格が確認できる固定資産評価証明書などを用意する必要があるのです。

　定率課税とは P90　　　所有権保存の場合 P231

　固定資産評価証明書は、**登記を申請する年度のもの**が必要になります。登記年度の区切りは4月1日から翌年3月31日までです。申請の段階で**最新の年度のものを用意するようにしましょう。**

取得する固定資産評価証明書

　取得した登記事項証明書の表題部を参考に固定資産評価証明書を取得します。マンションの場合は、登記上一体となっている場合もいない場合も、必ず敷地部分の固定資産評価証明書も取得しましょう。

　また、私道部分については、固定資産税がたとえ非課税であっても、固定資産評価証明書を忘れずに取得するようにしましょう。

ちょっと確認 　〈固定資産評価証明書の読み方〉

　固定資産評価証明書について、わかりやすくその不動産の価格が示されている場合はよいのですが、共有持分を有している不動産や固定資産税が非課税となっている不動産などについては、読み方や計算方法が少し難しいかもしれません。わからない場合は市区町村役場や都税事務所、法務局に確認をしながら進めるようにしましょう。

第3章

登録免許税の計算方法を確認しよう

登録免許税には定率課税と定額課税の2パターンがあります。計算方法の基本を確認しておきましょう。

登録免許税の**計算の基本**

　登記申請の際には、登録免許税という税金を納めます。登録免許税の算定方法は、登記の種類によって**定率課税**と**定額課税**の2つの方式に分かれます。

　定率課税とは、ある価格（課税価格）に一定の税率を掛けて登録免許税を算出する方式です。税率も登記の種類によって異なります。

　定額課税とは、不動産などの個数に一定の金額を掛けて登録免許税を算出する方式です。

　定率課税の場合、登録免許税は下記のように計算します。

【例：贈与による所有権移転登記の登録免許税】

課税価格 × 2％（1,000分の20）

　例えば所有権移転登記の場合、固定資産評価証明書に記載された固定資産の価格の1,000円未満の金額を切り捨てた金額が**課税価格**です。

　また、登録免許税は100円未満の金額を切り捨てます。

　定額課税の場合は、不動産1個につき1,000円といったように、不動産の個数に応じて登録免許税を計算します。所有者の住所変更登記や抵当権抹消登記は定額課税の方式によります。

定率課税		定額課税	非課税
売買	贈与	住所・氏名変更（更正）※	建物表題登記
財産分与	相続	抵当権抹消　など	滅失登記　など
所有権保存		※非課税の場合があります。	
抵当権設定　など			

不動産が２つ以上ある場合

定率課税の代表例である所有権移転登記において、不動産が２つ以上存在し、１つの申請書で登記を申請する場合は、まずそれぞれの固定資産の価格を**合算**し、その後に1,000円未満の金額を切り捨てます。

［計算例］

1. 不動産Ａの価格＋不動産Ｂの価格

   2,345,670円 ＋ 4,567,890円 ＝ 6,913,560円

2. 1の金額から1,000円未満の金額を切り捨て ＝ **課税価格**

   1から1,000円未満の金額560円を切り捨てた ｜6,913,000円｜

3. 2の金額 × ２％

   6,913,000円 × ２％ ＝ 138,260円

4. 3の金額から100円未満の金額を切り捨て ＝ **登録免許税**

   138,260円から100円未満の60円を切り捨てた ｜138,200円｜

   これが登録免許税の金額です。

定額課税の場合において、不動産が２つ以上存在し、１つの申請書で登記を申請する場合は、不動産の個数をカウントします。

［計算例］

◆ 不動産２個 × 1,000円 ＝ ｜2,000円｜

不動産の**持分**を移転する場合

定率課税の登記において、不動産の共有持分を移転するといったような場合は、不動産全体の固定資産の価格に移転する持分割合を掛けます。出てきた金額の1,000円未満の金額を切り捨てた金額が課税価格となります。ここからは前ページの基本と同様です。

なお、固定資産評価証明書に記載された金額が不動産全体の価格である場合と、既に持分割合が記載されている場合があります。どちらかわからない場合は、市区町村役場に確認しましょう。

建物と土地が一体となったマンション・アパートの場合

　定率課税の登記において、建物と土地が一体となったマンション・アパートの所有権を移転するといったような場合は、建物だけでなく敷地部分の価格も含めて計算する必要があります。

　敷地部分については、固定資産評価証明書に記載された金額は敷地全体の価格であることが多いです。通常は持分で所有していると思いますので、持分割合を掛けて敷地部分の価格を割り出しましょう。

　出てきた敷地部分の金額と建物の価格を合算した上で、1,000円未満を切り捨てた金額が課税価格となります。ここからは前ページの基本と同様です。

［計算例］

1．敷地全体の価格から持分の価格を割り出す

　　敷地全体の価格　×　持分割合　＝　持分の価格

2．1の金額と建物の価格を合算

　　ここからは前ページの「不動産が2つ以上ある場合」と同じです。

　定額課税の場合は、敷地部分の土地の個数も忘れないようにカウントしましょう。マンションによっては、敷地が2つ以上存在している場合があります。注意しましょう。

所有権保存の場合

　新築による所有権保存登記の場合は、建物の価格が決定していないため、課税価格を計算して算出します。詳しくは第10章で説明します。

土地の地目が「公衆用道路」で非課税となっている場合

　土地の地目が公衆用道路となっていて、固定資産税が非課税（０円）となっていても、登記の際の登録免許税は非課税とはならず、登録免許税を計算して納めなければなりません。

　この場合、定率課税の登記においては、一般的には以下のような方法で、登録免許税を計算します。ただし、地域によって異なる場合がありますので、固定資産評価証明書に「公衆用道路」の記載がある場合は、法務局に算定方法を確認しましょう。

　なお、定額課税の場合は、固定資産税が非課税であっても、他の不動産と同じく個数にカウントされます。

1．近傍宅地の確認

　　公衆用道路の価格を算定する基準となる土地（近傍宅地）を、法務局、市区町村役場で認定してもらいます。

2．近傍宅地の価格から、１㎡あたりの金額を計算

　　認定された近傍宅地の価格から１㎡あたりの金額を計算します。

3．2の金額に公衆用道路の土地の面積を掛ける

　　2の金額に公衆用道路の面積を掛けます。

4．3の金額に100分の30を掛ける

　　公衆用道路の場合、3で算出した価格の100分の30に相当する金額を認定基準とすることができます。

5．4の金額を公衆用道路の固定資産の価格として、以後は前ページと同様の計算

> ※公衆用道路以外にも、固定資産税は非課税であっても登録免許税を納付しなければならない地目があります。固定資産評価証明書の金額が非課税となっている場合は、法務局に確認しましょう。

11 収入印紙を購入しよう

登録免許税を計算したら、必要な収入印紙を購入しましょう。

収入印紙による納付方法

登録免許税の計算が終わったら、収入印紙を購入します。

現金納付による納付方法もありますが、この本では一般的な方法である収入印紙による納付に統一して説明をしています。

収入印紙は郵便局などで購入することができますが、ほとんどの法務局には法務局内もしくは隣接する建物に印紙売場があります。

窓口に出向いて登記申請を行う場合は、申請する直前に収入印紙を購入するという流れでもよいでしょう（印紙売場がない場合もありますので、事前にご確認下さい）。

購入した収入印紙は、申請書に添付された白紙のＡ４用紙に貼付して法務局に提出することで納付します。なお、契約書等とは異なり、収入印紙に消印は必要ありませんのでご注意下さい。

現金納付による納付方法

金融機関で登録免許税に相当する金額を納付して、その領収証書を登記申請書に貼って提出する方法です。

ちょっと確認 〈納税通知書でもよいケース〉

所有権移転登記を申請する際、お手元に必要な数字が記載された最新年度の固定資産納税通知書・課税明細書がある場合は、固定資産評価証明書を取得しなくても済みます。

12 委任状を作成しよう

本人から委任を受けて登記を申請する場合は委任状が必要です。委任状の作成方法を確認しましょう。

不動産登記は**本人申請**が原則

　不動産登記は、本人が申請するのが原則です。したがって、本人以外の者が本人から委任を受けて登記手続を行う場合は、その権限を証明する情報が必要になります（代理権限証明情報）。

　一般的には**委任状**がそれに該当します。委任状は、委任者である本人が、当該登記手続及びそれに付随する手続について、受任者に委任したことが確認できる内容であることが求められます。

　なお、委任者が会社などの法人の場合は、その代表者の資格を証明する情報も併せて必要となります。

委任状に**記載すべき内容**

　委任状には**委任者及び受任者、委任した日付、委任内容**を明記し、委任者である本人の記名押印が必要になります。

　登記申請書に印鑑証明書を添付する者が登記手続を他の者に委任する場合には、委任状に印鑑登録がされている**実印**で押印しなければなりません。当事者の表記を間違えないことはもちろんですが、委任内容や委任状に押す印鑑にも間違いがないように注意しましょう。

勝手に委任状を作成することはできません

　たとえ親族などであっても、本人が知らない、または、本人の意思に反して勝手に委任状を作成する行為は犯罪です。また、司法書士等以外の者が業として（利益を得ることを目的とする場合など）登記手続を代理することは司法書士法などで禁止されています。注意しましょう。

第3章

■委任状サンプル（売買による所有権移転）

A4用紙を縦にして
作成しよう

委 任 状

登記の手続を行う受
任者の住所と氏名を
記載

（受任者）住所　東京都港区芝七丁目７番７号
　　　　　氏名　　　　　　田中花子

私は、上記の者を代理人と定め、下記の権限を委任します。

記

１．下記物件に関する所有権移転登記申請に関する一切の件
　　　　原因年月日　　　令和２年１月１０日　売買
　　　　権　利　者　　　東京都港区芝七丁目７番７号
　　　　　　　　　　　　田中　花子
　　　　義　務　者　　　千葉県柏市柏八丁目１番１号
　　　　　　　　　　　　田中　正一郎
　　　　不動産の表示　　　（略）

申請書と同じよ
うに記載　　　P66

２．原本還付請求及び受領に関する件
３．登記識別情報通知及び登記完了証の受領の件
４．登記申請の取下げまたは補正に関する件
５．上記１から４までのほか、登記申請に必要な一切の件

令和２年　１月１０日

（委任者）住所　千葉県柏市柏八丁目１番１号

　　　　　氏名　田中正一郎　　　

登記の手続を受任者に委任する委任者の住所・氏名を記名し、捺印。
委任者は、申請書に押すべき印鑑（この場合は実印）で捺印

第4章

住所や氏名に変更・間違いがあったときの登記手続

引越し、結婚などにより住所・氏名が変わったら?
～住所・氏名変更(更正)登記～

　ここからは、それぞれの場面ごとに必要な登記を説明します。

　まずは、不動産の所有者の住所や氏名に変更や間違いがあったときの登記です。引越しや住居表示の実施、結婚・離婚など、身近な局面で必要になる登記です。住所・氏名の変更登記は、法改正により、令和8年までに「義務化」が予定されています。

　すべての登記の中でも比較的簡単な登記手続ですので、しっかり確認しましょう。

住所・氏名変更（更正）登記とは?

不動産の所有者の住所や氏名に変更や間違いがあったときの登記です。
どのような手続なのか基本を確認しましょう。

登記簿上、不動産の所有者については、住所と氏名、（不動産が共有の場合は）持分が登記されています。 登記事項証明書の甲区 P 45

この住所や氏名に変更、あるいは誤りがあったときに申請するのが、この章で説明する所有権登記名義人住所・氏名変更（更正）登記です。

登記された住所や氏名は、市区町村役場の記録が変更になったからといって自動的に変更されるわけではありません。引越しや婚姻などにより住所や氏名が変更になったときには変更登記を、登記されている住所や氏名が間違っていたときには更正登記を申請する必要があるのです。

所有権登記名義人住所・氏名変更（更正）登記は、所有者が単独で申請することができ、住民票の写しや戸籍謄本など、**住所・氏名の変更や誤りの経緯が確認できる書面**を添付して行います。

住所・氏名変更（更正）登記の**難易度を確認**しましょう

それほど難易度は高くありませんが、以下のケースでは手続が少し難しくなりますので注意しましょう。

☑ **変更の経緯が住民票の写しや戸籍謄本から確認できない場合**

Why? 上申書や不在住・不在籍証明書、登記済証などを添付する必要があるため。

☑ **登記された時点で誤りがあった場合（更正登記）**

Why? 誤って登記がなされた原因を調査し、書類を準備する必要があるため。

☑ **売買による所有権移転・抵当権設定などと併せて申請しなければならない場合**

時間的な制約があるため。また、登記と同時に高額なお金が動くので、間違った登記をしたときや登記が取下げになるときのリスクが非常に高いため。

住所・氏名変更（更正）登記の**流れを確認**しましょう

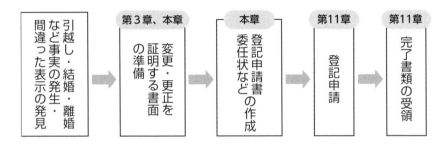

住所・氏名変更（更正）登記の**ポイントを確認**しましょう

こんなときに必要	（変更登記）　不動産所有者の住所や氏名に**変更**があったとき （更正登記）　不動産所有者の住所や氏名に**誤り**があるとき
登記手続の当事者	住所等に変更や誤りがあった不動産の所有者
一般的な添付書類	登記原因証明情報 （住民票の写し・戸籍謄本など） 代理権限証明情報（委任状など）
登録免許税	不動産1個につき金1,000円　　**参考 P90** ※ただし、住居表示実施や町名地番変更に伴う住所変更など非課税の場合あり
完了書類	登記完了証 原本還付した書類（住民票の写し・戸籍謄本など） **原本還付 P238**

第4章

登記事項証明書のココを**チェック**しましょう

【甲区の「権利者その他の事項」欄の所有者の住所・氏名を確認】

権利部（甲区）　（所有権に関する事項）			
順位番号	登記の目的	受付年月日・受付番号	権利者その他の事項
3	所有権移転	平成１４年１０月１日 第２３４５６号	原因　平成１４年１０月１日売買 所有者　港区芝八丁目１番２号 　　　　高　山　太　郎

順位番号で特定します

所有者の単独申請です

　登記申請の準備をするにあたり、甲区の「権利者その他の事項」欄を確認してみましょう。ここに記載されている住所・氏名と現在の（住民票や戸籍上の）住所・氏名に変更や誤りがある場合、住所・氏名変更（更正）登記が必要になります。

　登記申請書を作成する際、順位番号も記載しますので、順位番号も確認しておきましょう。

【変更登記が完了した後の登記事項証明書】

権利部（甲区）　（所有権に関する事項）			
順位番号	登記の目的	受付年月日・受付番号	権利者その他の事項
3	所有権移転	平成１４年１０月１日 第２３４５６号	原因　平成１４年１０月１日売買 所有者　港区芝八丁目１番２号 　　　　高　山　太　郎
付記１号	３番登記名義人住所変更	令和３年１月９日 第３６号	原因　令和３年１月１日住所移転 住所　川崎市川崎区砂子三丁目４番 　　　５号

正しく登記されているか確認しましょう

　住所・氏名変更登記が完了すると、「付記○号」という形で登記が入ります。登記完了後さらに変更があった場合は再度変更登記が必要です。

100

2 住所・氏名変更（更正）登記の申請準備をしよう

住所・氏名変更（更正）登記の申請に向けて、具体的な準備の内容を確認していきましょう。

変更（更正）を証明する書面を取得しましょう

引越しや結婚、離婚など、登記簿上の所有者の住所や氏名に変更があった場合は、変更を証明する書面を取得する必要があります。

住所を移転した場合は、その移転の経緯が確認できる住民票の写しや戸籍の附票の写しがそれに該当します。住所を複数回移転している場合は、移転の経緯を追って住民票（除票）の写しや戸籍（除籍）の附票の写しを複数枚取得しなければならないかもしれません。 戸籍の附票 P84

氏名に変更があった場合は、変更の経緯が確認できる戸籍謄本等がそれに該当します。戸籍謄本等には住所の記載がありませんので、本籍地の記載ある住民票の写しか戸籍の附票の写しも併せて取得する必要があります。

住所・氏名に誤りがある場合、誤りを証明する書面（住民票の写し、戸籍謄本等）が取得できるのであれば、それらの書面を取得します。

このように、まずは変更（更正）の経緯が確認できる書類を準備する必要があるのです。 取得方法 P83、84

変更（更正）登記に必要な書面を作成しましょう

所有権登記名義人住所・氏名変更（更正）登記にあたって作成する書面は、原則として**登記申請書**のみです。所有者から委任を受けた者が申請する場合には**委任状**（ 委任状 P109 ）、住民票の写しなどから住所や氏名の変更あるいは誤りの経緯が確認できない場合には**上申書など**の作成・添付が求められる場合があります。 上申書 P106

申請書４－１　所有者の住所が引越しにより変わった場合（本人申請）

法務局の処理の関係上、上部を６センチほど余白に

登記申請書

A4用紙を縦にして作成しよう

登記の目的　　　○番所有権登記名義人住所変更　　　　…①

原　　　因　　　令和３年１月１日住所移転　　　　　…②

変更後の事項　　住所

　　　　　　　　川崎市川崎区砂子三丁目４番５号　　…③

申　　請　　人　　川崎市川崎区砂子三丁目４番５号

　　　　　　　　高山　太郎　(高山)　　　　　　　　…④

　　　　　　　　連絡先の電話番号　０４４－○○○－○○○○

添　付　情　報　　登記原因証明情報　　　　　　　　…⑤

令和３年１月９日申請　横浜地方法務局川崎支局　　…⑥

登録免許税　　　金１，０００円　　　　　　　　　…⑦

不動産の表示　　　　　　　　　　　　　　　　　　…⑧

　所　　在　　　川崎市川崎区砂子三丁目

　地　　番　　　４番５

　地　　目　　　宅地

　地　　積　　　１２３．４５㎡

　所有者の住所に変更があった場合の登記です。住所・氏名変更登記の基本パターンを確認しましょう。

①登記の目的

「○番所有権登記名義人住所変更」と記載します。○番には、甲区何番の所有権の登記名義人（所有者）の住所を変更するかがわかるよう、甲区の順位番号を記載します。「付記○号」などの記載がある場合でも「○番」と主の番号を記載すれば足ります。

②原因

「年月日 住所移転」と記載します。日付は、住民票の写しなどに記載されている住所移転の日付を記載します。複数回住所を移転している場合は、いちばん最後の住所移転の日を記載します。

【住民票の抜粋】

	氏　名 高山太郎		住民票コード 省略	
	生年月日　昭和４７年１０月９日		続　柄 世帯主	住民となった年月日 令和３年１月１日
住　所	川崎市川崎区砂子三丁目４番５号	本　籍	省　略	
世帯主	高山太郎	筆頭者	高山太郎	

登記簿上の住所から現在の住所まで移転の経緯が確認できるか

令和３年１月１日　東京都港区芝八丁目１番２号から転入
令和３年１月８日　転入届出

届出日ではなく転入日を確認

③変更後の事項

住民票の写しなどに記載されている新しい住所を「３－４－５」といった形ではなく、「三丁目４番５号」というように正確に記載します。

④申請人

所有権登記名義人住所変更登記は変更があった者の単独申請となります。申請人として住所変更があった所有権の登記名義人（所有者）の新しい住所と氏名を記載し、捺印します（**認印でも可**）。

また、申請書の記載内容などに誤りがあった場合に法務局の担当者から連絡が受けられるよう連絡先の電話番号を記載しておきます。

⑤添付情報

　住所変更登記の添付情報は、原則として登記原因証明情報のみです。

　登記原因証明情報として、住所変更の経緯が確認できる住民票の写しなどを添付します。登記の原因（住所移転）及び日付を確認するものなので、変更前後の住所と住所移転日が記載されている必要があります。

　なお、登記簿上の住所から複数回住所を移転している場合は、登記簿上の住所からすべての移転の経緯が確認できる書類の添付が必要になります。住民票の写しだけでは移転の経緯が確認できない場合は、住民票（除票）の写しや戸籍（除籍）の附票の写しなどを添付します。

P 83、P 84

　それらの書類をもってしても住所移転の経緯が確認できない場合は、管轄の法務局にどうすればよいか確認しましょう。

　住民票の写しや戸籍の附票の写しは、原本還付の処理をすることで原本を還付してもらうことができます。　原本還付 P 238

⑥申請日と管轄　管轄 P 80

　登記を申請する日付と管轄法務局を記載します。

　窓口に持参して登記申請をする場合は、申請日を記載しましょう。

　郵送で申請する場合、申請日は法務局に届く日を記載するのが原則ですが、空欄のままでも問題はないようです。　P 241、P 243

⑦登録免許税

　登録免許税の金額を記載します。

　住所変更登記の登録免許税は、不動産1個につき1,000円です。敷地権付区分建物の場合は、敷地も不動産の個数にカウントします。

　不動産が10個の場合は、10×1,000円＝10,000円となります。

⑧不動産の表示　不動産の書き方 P 66

　登記事項証明書を確認しながら、不動産の表示を正確に記載します。

申請書4-2　登記されている所有者の住所に誤りがあった場合（本人申請）

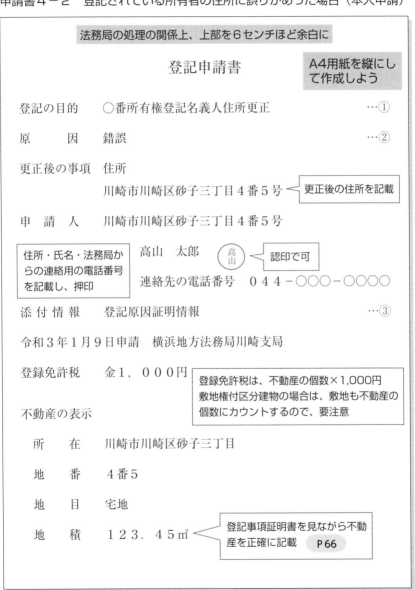

法務局の処理の関係上、上部を6センチほど余白に

登記申請書

A4用紙を縦にして作成しよう

登記の目的　　○番所有権登記名義人住所更正　　　　　　　…①

原　　因　　錯誤　　　　　　　　　　　　　　　　　　　…②

更正後の事項　住所

　　　　　　　川崎市川崎区砂子三丁目4番5号 ← 更正後の住所を記載

申　請　人　　川崎市川崎区砂子三丁目4番5号

住所・氏名・法務局からの連絡用の電話番号を記載し、押印

　　　　　　　高山　太郎　（高山印）← 認印で可

　　　　　　　連絡先の電話番号　044-○○○-○○○○

添付情報　　登記原因証明情報　　　　　　　　　　　　　…③

令和3年1月9日申請　横浜地方法務局川崎支局

登録免許税　　金1,000円

登録免許税は、不動産の個数×1,000円
敷地権付区分建物の場合は、敷地も不動産の個数にカウントするので、要注意

不動産の表示

　所　　在　　川崎市川崎区砂子三丁目

　地　　番　　4番5

　地　　目　　宅地

　地　　積　　123.45㎡ ← 登記事項証明書を見ながら不動産を正確に記載　**P 66**

所有者の住所に誤りがあった場合の登記です。申請書4－1との違いを中心に、住所・氏名更正登記の基本パターンを確認しましょう。

①登記の目的

「○**番所有権登記名義人住所更正**」と記載します。

②原因

「**錯誤**」と記載します。日付は不要です。

③添付情報

住所更正登記の添付情報は、原則として登記原因証明情報のみです。

登記原因証明情報として、更正の内容が確認できる住民票の写しなどを添付します。更正の内容によって必要となる書類が違いますので、管轄の法務局に確認をするようにしましょう。　　P83

住民票の写しや戸籍の附票の写しは、原本還付の処理をすることで原本を還付してもらうことができます。　　原本還付 P238

ちょっと発展　〈上申書とは〉

住所・氏名変更登記に限らず、登記原因証明情報として必要な書類が添付できない場合などには、上申書の提出が求められることがあります。

登記手続における上申書とは、必要な書類が添付できない理由、登記原因に関する詳細な経緯、それらに間違いがない旨などを明らかにした書面のことで、登記手続においては当事者が実印を押し、印鑑証明書を添付することが求められます。

上申書は、それぞれ事情によってその記載内容が変わってきますので、上申書を作成しなければならない場合は少し難易度が上がります。

【上申書が必要となる可能性のある登記】

住所・氏名変更登記、相続による所有権移転登記など

申請書4－3　共有者の住所が住居表示の実施により変わった場合
　　　　　　　（代理人申請）

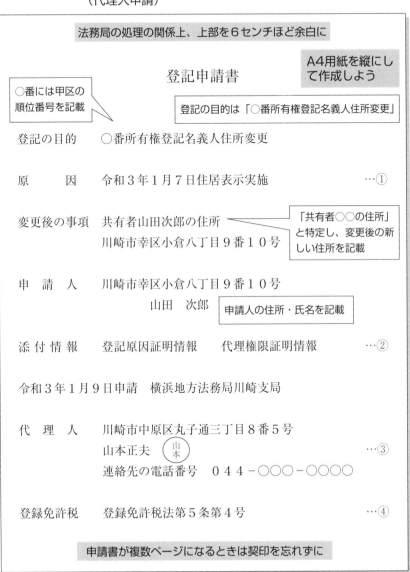

法務局の処理の関係上、上部を6センチほど余白に

登記申請書

A4用紙を縦にして作成しよう

○番には甲区の順位番号を記載

登記の目的は「○番所有権登記名義人住所変更」

登記の目的　　　○番所有権登記名義人住所変更

原　　　因　　　令和3年1月7日住居表示実施　　　　　…①

変更後の事項　　共有者山田次郎の住所
　　　　　　　　川崎市幸区小倉八丁目9番10号

「共有者○○の住所」と特定し、変更後の新しい住所を記載

申　請　人　　　川崎市幸区小倉八丁目9番10号
　　　　　　　　　　山田　次郎

申請人の住所・氏名を記載

添付情報　　　　登記原因証明情報　　　代理権限証明情報　…②

令和3年1月9日申請　横浜地方法務局川崎支局

代　理　人　　　川崎市中原区丸子通三丁目8番5号
　　　　　　　　山本正夫　（山本）　　　　　　　　　　…③
　　　　　　　　連絡先の電話番号　044－○○○－○○○○

登録免許税　　　登録免許税法第5条第4号　　　　　　　…④

申請書が複数ページになるときは契印を忘れずに

第4章

```
不動産の表示
    所    在      川崎市川崎区砂子三丁目
    地    番      4番5
    地    目      宅地                      ┌─────────────────────┐
    地    積      123.45㎡              │ 登記事項証明書を見ながら不動 │
                                        │ 産を正確に記載    P 66    │
                                        └─────────────────────┘
```

　不動産の共有者の1人の住所が「住居表示実施」により変更になった場合の登記です。引越しをしていなくても住居表示の実施により住所に変更があった場合は住所変更登記が必要になります。

　基本的な形式は、申請書4-1とほとんど変わりませんが、異なる部分を中心に確認しましょう。　**申請書4-1 P102**

①原因

　「**年月日　住居表示実施**」と記載します。日付は、住居表示実施証明書や住民票の写しに記載されている住居表示実施の日付を記載します。

②添付情報

　住所変更登記の添付情報は、原則として登記原因証明情報のみですが、この事例は代理人による申請なので、代理権限証明情報も添付します。

　登記原因証明情報として、住所変更の経緯が確認できる書面を添付します。住居表示実施の場合、市区町村役場で**住居表示実施証明書**を交付してもらうことができますので、それを添付します。住居表示実施による変更の経緯・年月日が記載されていれば、住民票の写しや戸籍の附票の写しでも構いません。

　住民票の写しや住居表示実施証明書は、原本還付の処理をすることで原本を還付してもらうことができます。　**原本還付 P238**

　代理権限証明情報としては、所有権の登記名義人（所有者）から代理人への委任状を添付します。

108

③代理人

　所有権の登記名義人（所有者）から委任を受けた代理人の住所と氏名を記載し、捺印します。捺印は認印でも構いません。

　また、申請書の記載内容などに誤りがあった場合に法務局の担当者から連絡が受けられるよう連絡先の電話番号を記載しておきます。

④登録免許税

　住居表示実施による所有者の住所変更登記は、登録免許税が非課税となります。住居表示実施による住所変更登記の場合は「**登録免許税法第5条第4号**」と、非課税となる根拠条文を記載します。

申請書4−3　委任状サンプル

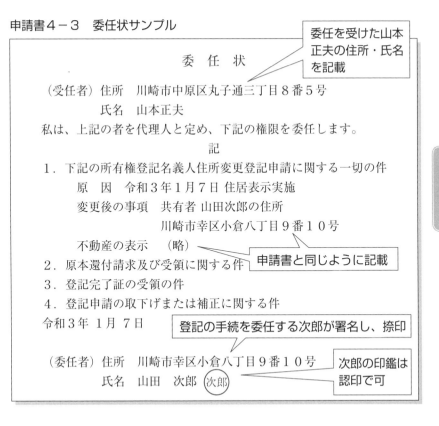

委任を受けた山本正夫の住所・氏名を記載

委　任　状

（受任者）住所　川崎市中原区丸子通三丁目8番5号
　　　　　氏名　山本正夫
私は、上記の者を代理人と定め、下記の権限を委任します。
　　　　　　　　　　　　記
1．下記の所有権登記名義人住所変更登記申請に関する一切の件
　　　原　因　令和3年1月7日 住居表示実施
　　　変更後の事項　共有者 山田次郎の住所
　　　　　　　　　　川崎市幸区小倉八丁目9番10号
　　　不動産の表示　（略）
2．原本還付請求及び受領に関する件
3．登記完了証の受領の件
4．登記申請の取下げまたは補正に関する件
令和3年 1月 7日

（委任者）住所　川崎市幸区小倉八丁目9番10号
　　　　　氏名　山田　次郎 ㊞（次郎）

申請書と同じように記載

登記の手続を委任する次郎が署名し、捺印

次郎の印鑑は認印で可

申請書4－4　共有者の名字が結婚により変わった場合（本人申請）

法務局の処理の関係上、上部を6センチほど余白に

A4用紙を縦にして作成しよう

登記申請書

| 登記の目的 | ○番所有権登記名義人氏名変更 | …① |

登記の目的　　　○番所有権登記名義人氏名変更　　　…①

原　　　因　　　令和3年1月1日氏名変更　　　…②

変更後の事項　　共有者佐藤花子の氏名　　　…③
　　　　　　　　山本花子

申　請　人　　　さいたま市浦和区高砂五丁目2番2号
　　　　　　　　山本花子　（山本）　認印で可

住所・氏名・法務局からの連絡用の電話番号を記載し押印

　　　　　　　　連絡先の電話番号　　048－○○○－○○○○

添 付 情 報　　　登記原因証明情報　　　…④

令和3年1月9日申請　さいたま地方法務局

登録免許税　　　金1，000円

登録免許税は、不動産の個数×1,000円
敷地権付区分建物の場合は、敷地も不動産の個数にカウントするので、要注意

不動産の表示
　　所　　在　　さいたま市浦和区高砂五丁目
　　地　　番　　7番7
　　地　　目　　宅地
　　地　　積　　75．31㎡

登記事項証明書を見ながら不動産を正確に記載　　P66

所有者の氏名が結婚・離婚などによって変更した場合の登記です。

　基本的な形式は、住所変更登記とほとんど変わりませんが、異なる部分を中心に確認します。　申請書4－1 P102

①登記の目的

　「○番所有権登記名義人氏名変更」と記載します。○番には、甲区何番の所有権の登記名義人（所有者）の氏名を変更するかがわかるよう、甲区の順位番号を記載します。「付記○号」などの記載がある場合でも「○番」と主の番号を記載すれば足ります。

②原因

　「年月日　氏名変更」と記載します。日付は、戸籍謄本などに記載されている氏名変更の日付を記載します。複数回氏名を変更している場合は、いちばん最後の氏名変更の日付を記載します。

③変更後の事項

　共有者の場合は、誰についての氏名変更かを特定するため、「共有者○○の氏名」というように変更前の氏名を記載します。

　そのうえで、変更後の事項として戸籍謄本などに記載されている新しい氏名を正確に記載します。

④添付情報

　氏名変更登記の添付情報は、原則として登記原因証明情報のみです。

　登記原因証明情報として、氏名変更の経緯が確認できる戸籍謄本と住民票の写し（もしくは戸籍の附票の写し）を添付します。

　戸籍謄本は登記の原因と日付を確認するものなので、変更前の氏名と変更の日付が記載されている必要があります。

　戸籍謄本には住所が記載されませんので、戸籍謄本のみでは戸籍に記載されている人物と登記簿に記載されている人物が同一人物であることが確認できません。本籍地が記載された住民票の写しまたは戸籍の附票

の写しを添付することで、同一人物であることを証明できます。

戸籍謄本だけでは変更の経緯が確認できない場合は、除籍謄本や改製原戸籍謄本など従前の戸籍をさかのぼって取得します。　**参考 P196**

それらの書類をもってしても氏名変更の経緯が確認できない場合は、どうすればよいか管轄の法務局に確認しましょう。

戸籍謄本や除籍・改製原戸籍謄本などは、原本還付の処理をすることで原本を還付してもらうことができます。　**原本還付 P238**

【登記されている氏名に誤りがあった場合】

登記されている氏名に誤りがあった場合、更正登記を行います。原因は「錯誤」となります。登録免許税は不動産1個につき1,000円です。

氏名更正登記の登記原因証明情報としては、誤りであることが確認できる戸籍謄本、不在住・不在籍証明書などが該当します。場合によっては上申書など他の書類の提出を求められることもありますので、管轄の法務局に確認するようにしましょう。　**上申書 P106**

登記の目的	○番所有権登記名義人氏名更正
原　　因	錯誤
更正後の事項	氏名　山本　花子

ちょっと確認　〈住所・氏名の変更登記の「義務化」〉

法改正により、令和8年までに住所・氏名の変更登記が「義務化」されることが予定されています。正当な理由なく変更日から2年以内に登記を行わない場合は、5万円以下の過料に処する旨が定められます。職権で登記を行う制度も導入される予定ですが、これまでよりも住所等の変更登記を意識しなければならなくなります。

申請書４−５　住所と氏名を変更した場合（本人申請）

法務局の処理の関係上、上部を６センチほど余白に

登記申請書

A4用紙を縦にして作成しよう

登記の目的　　　○番所有権登記名義人住所氏名変更　　　…①

原　　　因　　　令和３年１月１日住所移転
　　　　　　　　令和３年１月５日氏名変更　　　　　　　　…②

変更後の事項　　住所　さいたま市浦和区高砂五丁目２番２号
　　　　　　　　氏名　山本　花子　　　　　　　　　　　　…③

申　請　人　　　さいたま市浦和区高砂五丁目２番２号

山　本　花　子　（山本）　← 認印で可

申請人の新住所と変更後の氏名を記載し、押印

連絡先の電話番号　０４８−○○○−○○○○

添 付 情 報　　　登記原因証明情報　　　　　　　　　　　…④

令和３年１月９日申請　さいたま地方法務局

登録免許税　　　金１，０００円　　　　　　　　　　　　…⑤

不動産の表示
　　所　　在　　さいたま市浦和区高砂五丁目
　　地　　番　　２番２
　　地　　目　　宅地
　　地　　積　　１２３．４５㎡

登記事項証明書を見ながら不動産を正確に記載　P66

所有者が住所と氏名を変更した場合の登記です。併せて1件で登記を申請することができます。

①登記の目的

「○番所有権登記名義人住所氏名変更」と記載します。○番には、甲区何番の所有権の登記名義人（所有者）の住所及び氏名を変更するかがわかるよう、甲区の順位番号を記載します。

②原因

「年月日　住所移転　年月日　氏名変更」と記載します。日付は、それぞれ住民票の写し及び戸籍謄本に記載されている変更日を記載します。

③変更後の事項

変更後の住所及び氏名を正確に記載します。

④添付情報

住所氏名変更登記の添付情報は、原則、登記原因証明情報のみです。登記原因証明情報はそれぞれ申請書4-1と申請書4-4で確認したものと同様です（本籍地の記載のある住民票の写しもしくは戸籍の附票の写し、戸籍謄本など　P104、111　）。

住民票の写しや戸籍の附票の写し、戸籍謄本は、コピーをして原本還付の処理をすることで原本を還付してもらうことができます。

⑤登録免許税

登録免許税の金額を記載します。

住所氏名変更登記の登録免許税は、不動産1個につき1,000円です。

敷地権付区分建物の場合は、敷地も不動産の個数にカウントします。

不動産が10個の場合は、10×1,000円＝10,000円となります。

　所有者の住所・氏名変更（更正）登記は、さまざまな組み合わせが考えられます。他のケースについて、相違点を中心に確認しておきます。

【会社が本店を移転した場合】

　所有者である会社の本店が移転したなど変更があった場合は、本店変更の登記を行います。本店変更の経緯が確認できる会社の登記事項証明書などを添付します。登録免許税は不動産1個につき1,000円です。

登記の目的	○番所有権登記名義人住所変更
原　　　因	令和3年1月1日本店移転
変更後の事項	本店　さいたま市浦和区高砂五丁目2番2号

【会社が商号を変更した場合】

　所有者である会社の商号が変更になった場合は、名称変更の登記を行います。商号変更の経緯が確認できる会社の登記事項証明書などを添付します。登録免許税は不動産1個につき1,000円です。

登記の目的	○番所有権登記名義人名称変更
原　　　因	令和3年1月1日商号変更
変更後の事項	商号　さいたま商事株式会社

【住所変更と住所更正を同時に行う場合】

　登記されている住所に誤りがあり、さらに、そこから住所を移転した場合、住所更正登記と住所変更登記を行う必要があります。住所更正登記と住所変更登記は併せて1件で登記を申請することができ、この場合、登録免許税は不動産1個につき1,000円で足ります。

第4章

```
登記の目的        ○番所有権登記名義人住所変更、更正
原    因        錯誤
                令和3年1月1日住所移転
変更更正後の事項    住所　さいたま市浦和区高砂五丁目2番2号
```

【共有者が同じ日に引越しをした場合】

例えば、夫婦など共有者が**同じ日**に、**同じ住所から同じ新しい住所に移転**した場合、同一の申請書で登記を行うことができます。P 69

逆に、同じ住所に移転する場合でも、移転日が異なる場合は、それぞれが別々の申請書で登記を行う必要があります。

```
登記の目的    ○番所有権登記名義人住所変更
原    因    令和3年1月5日住所移転
変更後の事項    共有者山本太郎及び山本花子の住所
            さいたま市浦和区高砂五丁目2番2号
```

ちょっと確認　〈同時に登記を行う場合の登録免許税〉

住所・氏名の変更（更正）登記を併せて1件で登記した場合の登録免許税は下記の通りとなります。確認しておきましょう。

住所（氏名）変更（更正）の組み合わせ	登録免許税／不動産1個
住所変更 ＋ 住所更正	1,000円
氏名変更 ＋ 氏名更正	1,000円
氏名変更 ＋ 住所変更	1,000円
氏名更正 ＋ 住所更正	1,000円
住所変更 ＋ 氏名更正	2,000円
住所更正 ＋ 氏名変更	2,000円

第**5**章

住宅ローンを完済したときなどの登記手続

抵当権を抹消・設定するときは?
〜抵当権抹消登記・抵当権設定登記〜

　不動産を担保にしてお金を借りる場合は、抵当権設定登記を行います。

　その借入金を完済したときや抵当権が解除されたときは抵当権抹消登記を申請します。

　どちらも不動産の登記名義人（所有者）と抵当権者（金融機関など）の共同申請である点に留意しながら、準備していきましょう。

1 抵当権抹消登記とは?

乙区に設定していた抵当権を抹消する登記です。
どのような手続なのか確認しましょう。

金融機関などで不動産を担保に借入をした場合、登記簿の乙区に抵当権設定登記がなされます。

その後、借入金を完済したときや設定されている抵当権が解除されたときは、抵当権抹消登記を法務局に申請する必要があります。

借入金を完済したからといって自動的に抵当権設定登記が抹消されるわけではありません。抵当権抹消登記は、**不動産の登記名義人（所有者）**が登記権利者、登記が抹消される**抵当権者**が登記義務者となって共同で申請するのが原則です。

債務者と不動産の登記名義人（所有者）が異なる場合がありますが、あくまで登記の当事者となるのは**不動産の登記名義人（所有者）**です。

根抵当権とは

根抵当権とは、将来的に発生する可能性のある債権も含めて、**一定の範囲内の不特定の債権を担保**するために設定される権利のことです。一定の限度額（極度額）を設定し、その枠内で継続的な取引ができますので、継続的なお金の貸し借りが想定される場合などに用いられます。

抵当権と根抵当権は似て非なるものですが、抹消登記に関しては類似の手続になりますので、ここで併せて説明します。

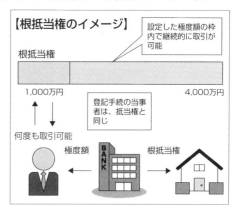

【根抵当権のイメージ】

設定した極度額の枠内で継続的に取引が可能

根抵当権

1,000万円　　　　　　　　　4,000万円

何度も取引可能

登記手続の当事者は、抵当権と同じ

極度額　　BANK　　根抵当権

抵当権・根抵当権抹消登記の**難易度を確認**しましょう

それほど難易度は高くありませんが、以下のケースでは手続が少し難しくなりますので注意しましょう。

☑ **金融機関（銀行や信用金庫など）からの借入ではない場合**

Why? 必要書類の確認・作成等を特に慎重に行う必要があるため。

☑ **前提とする他の登記（相続による所有権移転・住所変更など）と併せて申請しなければならない場合**

Why? 抵当権抹消登記の前提として、相続による所有権移転登記や住所移転による住所変更登記が必要な場合、それらの登記の準備も必要になるため。

☑ **売買による所有権移転や抵当権設定などと同じタイミングで申請しなければならない場合**

Why? 不動産決済などにおいては時間的な制約があるため。また、登記と同時に大きなお金が動くので、間違って登記をした場合のリスクが大きく、専門家が行う所有権移転登記などと併せて登記を行ったほうがスムーズであるため。

抵当権・根抵当権抹消登記の**流れを確認**しましょう

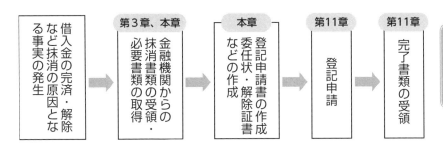

借入金の完済・解除など抹消の原因となる事実の発生
→
第3章、本章
金融機関からの抹消書類の受領・必要書類の取得
→
本章
登記申請書の作成委任状・解除証書などの作成
→
第11章
登記申請
→
第11章
完了書類の受領

第5章

抵当権・根抵当権抹消登記の**ポイントを確認**しましょう

こんなときに必要	住宅ローンなど借入金を完済したとき 設定していた抵当権・根抵当権を合意解除したとき
登記手続の当事者	不動産の登記名義人（所有者）と抵当権者もしくは根抵当権者の共同申請
一般的な添付書類	登記原因証明情報（解除証書・弁済証書など） 登記済証・登記識別情報 代理権限証明情報（委任状など） 会社法人等番号
登録免許税	不動産1個につき金1,000円 ただし、同一の申請書で20個以上の不動産について抹消する場合は金20,000円
完了書類	登記完了証 原本還付した書類（解除証書、弁済証書、代表者事項証明書など） 使用した登記済証

登記事項証明書のココをチェックしましょう

【乙区から該当する抵当権・根抵当権を確認】

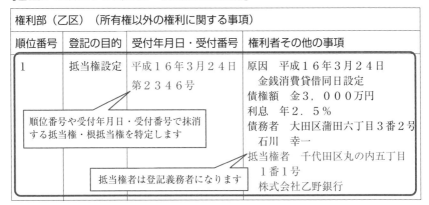

権利部（乙区）（所有権以外の権利に関する事項）			
順位番号	登記の目的	受付年月日・受付番号	権利者その他の事項
1	抵当権設定	平成１６年３月２４日 第２３４６号	原因　平成１６年３月２４日 　　金銭消費貸借同日設定 債権額　金３，０００万円 利息　年２．５％ 債務者　大田区蒲田六丁目３番２号 　　石川　幸一 抵当権者　千代田区丸の内五丁目 　　１番１号 　　株式会社乙野銀行

順位番号や受付年月日・受付番号で抹消する抵当権・根抵当権を特定します

抵当権者は登記義務者になります

　登記申請の準備をするにあたり、「乙区（所有権以外の権利に関する事項）」から該当する抵当権・根抵当権を探しましょう。ここに登記されている抵当権・根抵当権を抹消するのが、抵当権・根抵当権抹消登記です。抹消する登記を特定する必要がありますので、順位番号と受付年月日・受付番号も確認しておきましょう。

【甲区の「権利者その他の事項」欄の所有者の住所・氏名を確認】

権利部（甲区）（所有権に関する事項）			
順位番号	登記の目的	受付年月日・受付番号	権利者その他の事項
3	所有権移転	平成１６年３月２４日 第２３４５号	原因　平成１６年３月２４日売買 所有者　大田区蒲田六丁目３番２号 　　石川　幸一

所有者が登記権利者になります

　抵当権・根抵当権抹消登記は、所有者（抵当権設定者）と抵当権者・根抵当権者の共同申請となりますので、甲区から不動産の所有者も併せて確認しましょう。

【抹消登記が完了した後の登記事項証明書】

順位番号	登記の目的	受付年月日・受付番号	権利者その他の事項
権利部（乙区）（所有権以外の権利に関する事項）			
<u>1</u>	<u>抵当権設定</u>	<u>平成１６年３月２４日</u> <u>第２３４６号</u>	<u>原因　平成１６年３月２４日</u> 　　<u>金銭消費貸借同日設定</u> <u>債権額　金３，０００万円</u> <u>利息　年２．５％</u> <u>債務者　大田区蒲田六丁目３番２号</u> 　　<u>石川　幸一</u> <u>抵当権者　千代田区丸の内五丁目</u> 　　<u>１番１号</u> 　　<u>株式会社乙野銀行</u>
2	１番抵当権抹消	令和３年１月９日 第２９８号	原因　令和３年１月５日弁済

抹消された抵当権は下線が引かれます

　まず、抵当権・根抵当権抹消登記が完了すると、「○**番抵当権抹消・○番根抵当権抹消**」というように、乙区に登記が入ります。

　また、抵当権・根抵当権抹消登記が完了すると、設定されていた登記事項にすべて**下線が引かれます**。下線が引かれた箇所は登記が抹消されていることを表します。

抵当権抹消登記の**前提**としての**住所・氏名変更登記の要否**

【不動産の所有者について】

　不動産の所有者は抵当権抹消登記の申請人（**登記権利者**）となります。抵当権抹消登記を申請するに際し、不動産の所有者の現在の住所・氏名が、登記簿上の住所・氏名と異なる場合は、抵当権抹消登記の前提として、**不動産登記名義人住所・氏名変更登記が必要**になります。 第4章

　住所・氏名変更登記と抵当権抹消登記を連件（１／２、２／２という形）で申請することもできます。 連件申請 P70

122

【抵当権者について】

　抵当権者も抵当権抹消登記の申請人（**登記義務者**）となります。抵当権者の現在の住所（本店）や氏名（名称）が、本店移転や商号変更などにより登記簿上の住所（本店）・氏名（名称）と異なる場合は、抵当権登記名義人についての住所・氏名変更登記は**不要**です。ただし、変更の経緯が確認できる書面（履歴事項証明書や閉鎖事項証明書など）の添付を求められることがあります。抵当権者が金融機関の場合、この変更の経緯が確認できる書面は、通常、金融機関から交付されます。

　また、金融再編により、これまでに多くの金融機関が会社合併や会社分割を行ってきています。登記した当時の金融機関が他の金融機関に合併した（会社分割により吸収された）場合は、合併や分割による**抵当権移転登記**を行わなければならないケースがあります。自分で抵当権抹消登記を行いたい場合、金融機関側でこうした抵当権移転登記まで済ませてもらえる場合があります。借入をしていた金融機関に確認してみましょう。

A社が合併により
B社を吸収・承継

B社は合併により
A社に吸収され解散

抵当権抹消登記の**前提**としての**相続登記の要否**

　不動産の所有者が**抵当権の消滅前に死亡**していたときは、抵当権抹消登記の前提として、**相続による所有権移転登記**を済ませておく必要があります。　第9章

　逆に、不動産の所有者が**抵当権の消滅後に死亡**したときは、必ずしも相続による所有権移転登記を済ませる必要はなく、相続人からの申請で抵当権抹消登記を行うことが可能です。ただし、この場合は抵当権抹消登記の際に、登記を申請する者が所有者の相続人であることが確認できる書面（戸籍謄本など）を添付する必要があります。　P84

2 抵当権抹消登記の申請準備をしよう

抵当権抹消登記の申請に向けて、具体的な準備の内容を確認していきましょう。

金融機関から書類を受領しましょう

抵当権者が金融機関などの場合、抵当権を抹消する際には抹消登記に必要な書類が一式渡されることが一般的です。

金融機関から渡される書類の中で登記に必要なものは、登記原因証明情報（解除証書、弁済証書など P129、137 ）、設定時の登記済証または登記識別情報 P130、139 、代理権限証明情報（金融機関からの委任状 P131 、会社法人等番号 P138 ）などです。金融機関の本店や商号に変更がある場合は、それを証する書面（履歴事項全部証明書など）も必要になることがあります。書類を受け取ったら内容を確認しましょう。

抵当権抹消登記に**必要な書面を作成**しましょう

抵当権者が金融機関などの場合、抵当権抹消登記にあたって作成する書面は、原則として**登記申請書**のみです。登記原因証明情報（解除証書、弁済証書など）も必要ですが、これらは通常金融機関側で用意してもらえます。

抵当権者が個人の場合は弁済証書（ サンプル P129 ）や解除証書（ サンプル P137 ）などの登記原因証明情報を作成する必要があります。

なお、申請人から委任を受けた者が申請する場合には**委任状**も作成する必要があります。金融機関が抵当権者の場合は、金融機関からの委任状も金融機関側で用意してもらえることが一般的です。

124

申請書5−1　弁済による抵当権抹消の場合（代理人申請）

法務局の処理の関係上、上部を6センチほど余白に

登記申請書

A4用紙を縦にして作成しよう

登記の目的　　抵当権抹消　　　　　　　　　　　　　　　　…①

原　　　因　　令和3年1月5日　弁済　　　　　　　　　…②

抹消する登記　平成16年3月24日受付第2346号　　…③

権　利　者　　東京都大田区蒲田六丁目3番2号
　　　　　　　石　川　幸　一

義　務　者　　東京都千代田区丸の内五丁目1番1号　　　　…④
　　　　　　　株式会社乙野銀行
　　　　　　　（会社法人等番号　2345-67-890123）
　　　　　　　代表取締役　赤坂　太郎

添　付　情　報　　登記原因証明情報　　　　　　　　　　　…⑤
　　　　　　　登記済証（または登記識別情報）
　　　　　　　代理権限証明情報　　　会社法人等番号

令和3年1月9日申請　東京法務局城南出張所　　　　　　…⑥

申請書が複数ページになるときは契印を忘れずに

第5章

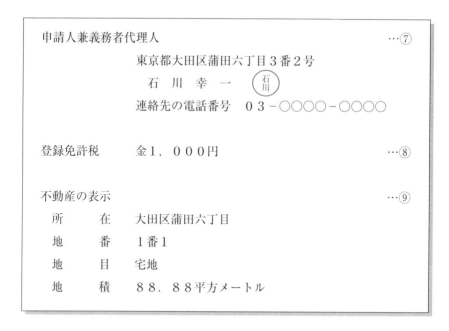

　弁済に伴う抵当権抹消登記です。権利者が義務者から委任を受けて登記を申請する方法を確認します。

①登記の目的
　「**抵当権抹消**」と記載します。③の「抹消する登記」を記載しない代わりに、「○番抵当権抹消」というように、乙区の順位番号で特定する方法でも構いません。

②原因
　「**年月日　弁済**」といったように、抵当権が消滅した原因と日付を記載します。日付は、登記原因証明情報（抵当権解除証書、弁済証書など）に記載されている日付です。

　抵当権抹消の登記原因には、解除、弁済、放棄、主債務消滅などがあります。こちらも登記原因証明情報を確認しましょう。

③**抹消する登記**

　抹消する抵当権を受付年月日と受付番号で特定します。①の通り、順位番号で特定する場合は、これらの記載は不要です。

④**申請人（権利者・義務者）**

　権利者として、不動産の登記名義人（所有者）の住所と氏名を記載します。義務者として、抵当権者（金融機関など）の本店、商号、会社法人等番号及び代表者名を記載します。

⑤**添付情報**

　抵当権抹消登記の添付情報は、原則として登記原因証明情報、登記済証（または登記識別情報）、代理権限証明情報です。

　まず、**登記原因証明情報**として、抵当権抹消を証する情報を添付します。具体的には抵当権解除証書や弁済証書などです。　P 129、137

　また、**抵当権設定時の登記済証または登記識別情報**も添付します。登記済証は原本を添付する必要がありますが、登記完了時に返却されます。登記識別情報は、登記識別情報を記載した書面（通常は登記識別情報通知書のコピー）を封筒に入れて封をし、封筒に抵当権者の氏名または名称及び登記の目的を記載し、「登記識別情報在中」と明記して提出します。

P 130、139

　代理人によって申請する場合は、**代理権限証明情報**として委任状などを添付します。抵当権抹消登記は不動産の所有者と抵当権者の共同申請で行う必要がありますが、金融機関が抵当権者の場合、金融機関から委任状が交付されます。この場合は、不動産の所有者が金融機関から委任を受け、「申請人兼義務者代理人」という形で抵当権抹消登記を行うことができます。　P 131

　また、申請人が個人ではなく会社・法人の場合は、添付情報の欄に「会社法人等番号」と記載し、上記④申請人の欄に、12ケタの会社法人等番号を記載します。

第5章

解除証書や弁済証書などは、原本還付の処理をすることで原則として原本を還付してもらうことができます。　原本還付P238

⑥申請日と管轄　P80

登記を申請する日付と管轄法務局を記載します。

窓口に持参して登記申請をする場合は、申請日を記載しましょう。

郵送で申請する場合、申請日は法務局に届く日を記載するのが原則ですが、空欄のままでも問題はないようです。

管轄は、登記をする不動産によって決まっています。不動産が複数存在していて、それぞれ管轄する法務局が異なる場合は、管轄ごとに登記を申請する必要があります。管轄を間違えてしまうと、登記の却下事由になりますので、絶対に間違えないようにしましょう。

⑦代理人

登記権利者である不動産の所有者が、登記義務者である抵当権者から委任を受けて登記を申請する場合、「**申請人兼義務者代理人**」と記載し、住所、氏名及び連絡先電話番号を記載し、捺印します（認印で可）。

⑧登録免許税

登録免許税の金額を記載します。

抵当権抹消登記の登録免許税は、不動産1個につき1,000円です。敷地権付区分建物の場合は敷地も不動産の個数にカウントします。

不動産が10個の場合は、10×1,000円＝10,000円となります。

ただし、20個以上の不動産について抵当権を抹消するときは、登録免許税は20,000円となります。

⑨不動産の表示　P66

登記事項証明書を確認しながら、不動産の表示を正確に記載します。

弁済証書

令和３年 １月 ５日

石 川 幸 一 殿

日付を確認

東京都千代田区丸の内五丁目１番１号

当事者の表示、原因、日付、
受付番号等を確認

株式会社乙野銀行

代表取締役　赤坂　太郎

　平成１６年３月２４日東京法務局城南出張所受付第２３４６号を
もって登記された、下記不動産に対する抵当権は、本日、弁済によ
り消滅しました。

　　原因　令和３年１月５日弁済

抹消の原因を確認

不動産の表示
所　在　大田区蒲田六丁目
地　番　１番１
地　目　宅地
地　積　８８．８８平方メートル

不動産の表示を確認

ちょっと確認　〈抵当権抹消登記の登記原因証明情報〉

　抵当権抹消登記の登記原因証明情報としては、弁済証書や解除証書が
金融機関から交付されることが多いですが、登記用の「登記原因証明情
報」と称する書面が交付されることもあります。

　基本的には弁済証書や解除証書と同じように添付すればよいですが、
登記用の登記原因証明情報が「○○法務局御中」という形式で作成され
ている場合は、その登記原因証明情報の原本を還付してもらうことがで
きません。注意しておきましょう。　原本還付 P 238

第５章

申請書５−１　登記済証サンプル

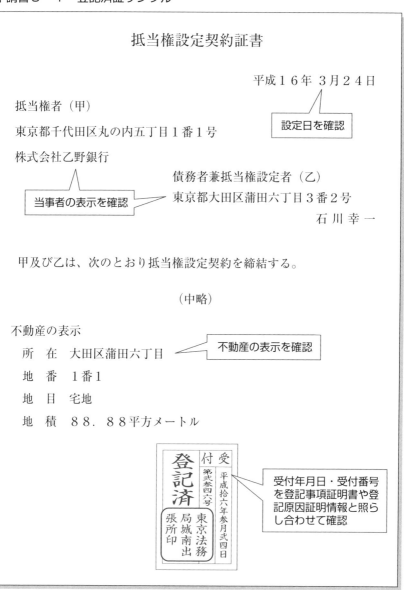

抵当権設定契約証書

平成１６年３月２４日

設定日を確認

抵当権者（甲）

東京都千代田区丸の内五丁目１番１号

株式会社乙野銀行

当事者の表示を確認

債務者兼抵当権設定者（乙）

東京都大田区蒲田六丁目３番２号

石川幸一

甲及び乙は、次のとおり抵当権設定契約を締結する。

（中略）

不動産の表示

所　在　大田区蒲田六丁目

不動産の表示を確認

地　番　１番１

地　目　宅地

地　積　８８．８８平方メートル

登記済
第弐参四六号
張所印　東京法務局城南出
受付　平成拾六年参月弐四日

受付年月日・受付番号を登記事項証明書や登記原因証明情報と照らし合わせて確認

130

申請書5－1　委任状サンプル

委　任　状

住所　東京都大田区蒲田六丁目3番2号

氏名　石　川　幸　一

私は、上記の者を代理人と定め、下記の事項を委任します。

記

1．令和3年1月5日付登記原因証明情報記載の通りの抵当
　　権抹消登記を申請する一切の件
1．原本還付請求及び受領に関する一切の件

令和3年1月5日

当事者、委任内容、各日付を確認

東京都千代田区丸の内五丁目1番1号

株式会社乙野銀行

代表取締役　赤坂　太郎

委任者のところに
記載された本店・
商号・代表者を申
請書に記載します

※日付や不動産の表示など登記原因証明情報（解除証書、弁済証書など）
や委任状の表記に空欄があるときは、金融機関に確認しましょう。

申請書５−１　代表者事項証明書サンプル

代表者事項証明書

会社法人番号　２３４５−６７−８９０１２３
商　　号　　　株式会社乙野銀行
本　　店　　　東京都千代田区丸の内五丁目１番１号
代表者の資格、氏名及び住所
　　　　　　　東京都武蔵野市吉祥寺南町八丁目９０番１号
　　　　　　　代表取締役　赤　坂　太　郎

　　　　　　　　　　　　　　　　　以　下　余　白

┌─────────────┐
│当事者の表記を│
│委任状の表記等│
│と照らし合わせ│
│て変更・間違い│
│がないかどうか│
│確認│
└─────────────┘

これは上記の者の代表権に関して登記簿に記録されている現に
効力を有する事項の全部であることを証明した書面である。

　　　　　　　　　　令和２年１２月２日

東京法務局
登記官　　　　　　登　記　官　太　郎

┌──────┐
│東京法│
│務局登│
│記官印│
└──────┘

　　　　　　　　　　　　　　　　　　１／１

ちょっと確認　〈資格証明情報とは〉

　代表者事項証明書とは、会社・法人の代表者として登記されている者
を法務局が証明した書面のことです。会社法人等番号を記載すれば、登
記申請の際に添付する必要はありませんが、会社・法人の正確な登記内
容をチェックするという意味でも、内容を確認しておきましょう。

申請書5−2　解除による抵当権抹消の場合（保存行為に基づく申請）

法務局の処理の関係上、上部を6センチほど余白に

登記申請書

A4用紙を縦にして作成しよう

登記の目的　　抵当権抹消　　←　登記の目的は「抵当権抹消」

原　　　因　　令和3年1月5日　解除　　　　　　　　　…①

抹消する登記　平成20年7月7日受付第7777号　　　…②

権　利　者　　東京都大田区蒲田六丁目3番2号
　　　　　　　（申請人）石　川　幸　一
　　　　　　　東京都大田区蒲田六丁目3番2号
　　　　　　　　　　　石　川　花　子
　　　　　　　　　　　　　　　　　　　　　　　　　　…③
義　務　者　　東京都千代田区丸の内五丁目1番1号
　　　　　　　株式会社乙野銀行
　　　　　　　（会社法人等番号　2345−67−890123）
　　　　　　　代表取締役　赤坂　太郎

添 付 情 報　　登記原因証明情報　　　　　　　　　　…④
　　　　　　　登記済証（または登記識別情報）
　　　　　　　代理権限証明情報　　会社法人等番号

令和3年1月9日申請　東京法務局城南出張所

申請をする日を記載　　　管轄の法務局名を記載

申請書が複数ページになるときは契印を忘れずに

第5章

申請人兼義務者代理人　　　　　　　　　　　　…⑤

　　　　　　　東京都大田区蒲田六丁目３番２号

　　　　　　　石　川　幸　一　㊞

　　　　　　　連絡先の電話番号　０３－○○○○－○○○○

登録免許税　　　金１，０００円

> 登録免許税は、
> 不動産の個数×1,000円

不動産の表示

　　所　　　在　　大田区蒲田六丁目

　　地　　　番　　１番１

　　地　　　目　　宅地

　　地　　　積　　８８．８８平方メートル

> 登記事項証明書を見ながら不動産を正確に記載　P66

　申請書５－２は、不動産を２名以上の者が共有している事例です。２名以上で共有している不動産全部に設定されている抵当権の抹消登記については、**共有者の一部の者**が共有者全員のために、登記義務者とともに登記申請をすることができます（このような申請を**保存行為**による申請といいます）。この場合、申請人となる者について「**(申請人)**」と記載します。申請人とならない者についても、権利者の欄には全員記載する必要があります。申請書５－１との違いを中心に確認しましょう。

①原因

　「**年月日　解除**」といったように、抵当権が消滅した原因と日付を記載します。日付は、登記原因証明情報に記載されている日付です。

②抹消する登記

抹消する抵当権を受付年月日と受付番号で特定します。順位番号で特定する場合は、これらの記載は不要です。

③申請人（権利者・義務者）

権利者として、不動産の登記名義人（所有者）の住所と氏名を記載します。保存行為によって共有者のうちの一部の者が登記申請をする場合でも、**共有者全員**を記載する必要があります。申請人となる者の氏名の前に「**(申請人)**」と記載します。

義務者として、抵当権者（金融機関など）の本店、商号、会社法人等番号及び代表者名を記載します。

④添付情報

抵当権抹消登記の添付情報は、原則として登記原因証明情報、登記済証（または登記識別情報）、代理権限証明情報です。

まず、登記原因証明情報として、抵当権抹消を証する情報を添付します。具体的には抵当権解除証書や弁済証書などです。P129、137

また、**抵当権設定時の登記済証または登記識別情報**も添付します。登記済証は原本を添付しますが、完了時に還付されます。登記識別情報は、登記識別情報を記載した書面（通常は登記識別情報通知書のコピー）を封筒に入れて封をし、封筒に抵当権者の氏名または名称及び登記の目的を記載し、「登記識別情報在中」と明記して提出します。P130、139

代理人によって申請する場合は、**代理権限証明情報**として委任状などを添付します。抵当権抹消登記は原則、不動産の所有者と抵当権者の共同申請で行う必要がありますが、金融機関が抵当権者の場合、一般的には金融機関から委任状が交付されます。このような場合は、不動産の所有者が金融機関から委任を受け、「申請人兼義務者代理人」という形で抵当権抹消登記を行うことができます。P131

申請人が個人ではなく会社・法人の場合は、添付情報の欄に「会社法

第5章

人等番号」と記載し、上記③申請人の欄に、12ケタの会社法人等番号を記載します。

　抵当権者である金融機関の本店・商号に変更がある場合、これらの変更登記を事前に行う必要はありませんが、抵当権抹消登記の際に、これらの**変更の経緯を証する書面（履歴事項全部証明書、閉鎖事項証明書など）**の添付を求められることがあります。

　この場合は、併せて添付書類の欄に「**変更証明情報**」と記載します。

　変更の経緯を証する書面は、会社の履歴事項全部証明書などです。履歴事項全部証明書のみでは変更の経緯がわからない場合は、閉鎖事項証明書なども併せて添付します。通常、これらの書面は金融機関に用意してもらえることが多いです。

　解除証書や弁済証書などは、原本還付の処理をすることで原則として原本を還付してもらうことができます。　**原本還付 P238**

⑤代理人

　登記権利者である不動産の所有者が、登記義務者である抵当権者から委任を受けて登記を申請する場合、「**申請人兼義務者代理人**」と記載し、住所、氏名及び連絡先電話番号を記載し、捺印します（認印で可）。

保存行為とはならないケース

　Aが所有する甲土地、Bが所有する乙建物に共同担保という形で設定されている抵当権についての抹消登記は、原則通り、A、Bが2人とも申請人となる必要があります。申請書5−2のケースとは異なりますのでご注意下さい。

抵当権設定契約証書

平成２０年７月７日

抵当権者
東京都千代田区丸の内五丁目１番１号
株式会社乙野銀行

当事者の表示を確認

債務者兼抵当権設定者
東京都大田区蒲田六丁目３番２号
　　石　川　幸　一
東京都大田区蒲田六丁目３番２号
　　石　川　花　子

（中略）

不動産の表示
　所　在　大田区蒲田六丁目
　地　番　１番１
　地　目　宅地
　地　積　８８．８８平方メートル

不動産の表示を確認

　　　　この抵当権は、本日、これを解除しました。
　　　　令和３年１月５日
　　　　東京都千代田区丸の内五丁目１番１号

抹消の原因と日付を確認

　　　　株式会社乙野銀行
　　　　代表取締役　赤坂　太郎

このように抵当権設定当初の契約書に奥書がされ、解除証書として使用されることもあります

第５章

登記原因証明情報が独立した書面で作成されず、前ページのサンプルのように、抵当権設定契約証書に奥書がされて登記原因証明情報とされることもあります。この場合は、奥書がされた抵当権設定契約証書全体が登記原因証明情報となります。

　このような形式の登記原因証明情報も原本還付ができますが、原本還付の処理を行う場合は、**抵当権設定契約証書全体をコピー**しなければならない点に注意しておきましょう。　原本還付 P238

　ちょっと確認　〈会社法人等番号とは？〉

　会社法人等番号とは、会社・法人の登記簿に記録される12ケタの数字のことをいいます。会社や法人が不動産登記の当事者となる場合は、申請書の申請人欄の会社名、法人名の下に、この会社法人等番号を記載する必要があります。

　ただし、作成後3か月以内の当該会社・法人の登記事項証明書を提供した場合には、会社法人等番号の提供に代えることができます。

　平成27年11月2日より、このような取り扱いに変更となりました。（従前は、3か月以内の代表者事項証明書などを添付する必要がありました。）

　抵当権抹消登記・根抵当権抹消登記を行う場合には、金融機関から会社法人等番号を何らかの形で教えてもらえるのが一般的です。もしわからない場合は、金融機関に確認するか、登記事項証明書を取得して確認してみましょう。

申請書5−2　登記識別情報サンプル

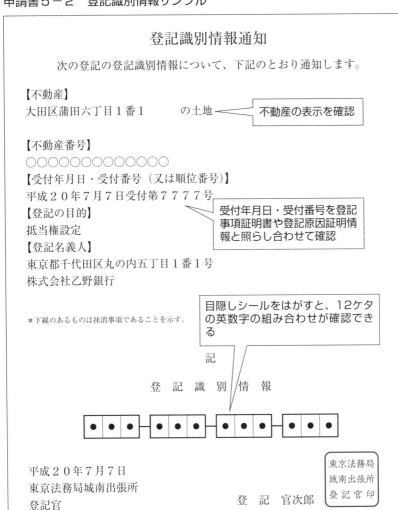

登記識別情報通知

　次の登記の登記識別情報について、下記のとおり通知します。

【不動産】
大田区蒲田六丁目1番1　　　　の土地　← 不動産の表示を確認

【不動産番号】
○○○○○○○○○○○○

【受付年月日・受付番号（又は順位番号）】
平成20年7月7日受付第7777号

【登記の目的】
抵当権設定

受付年月日・受付番号を登記
事項証明書や登記原因証明情
報と照らし合わせて確認

【登記名義人】
東京都千代田区丸の内五丁目1番1号
株式会社乙野銀行

＊下線のあるものは抹消事項であることを示す。

目隠しシールをはがすと、12ケタ
の英数字の組み合わせが確認でき
る

記

登　記　識　別　情　報

平成20年7月7日
東京法務局城南出張所
登記官

登　記　官次郎

東京法務局
城南出張所
登記官印

コピーした登記識別情報通知書は封筒に入れる
封筒の表紙に抵当権者の名称と登記の目的を記載した上で
「登記識別情報在中」と記入し、申請書とともに提出

3 抵当権設定登記について確認しよう

抵当権設定登記はどのように行うのでしょうか。抵当権設定登記を自分で行うことはできるのでしょうか。

抵当権設定登記とは

　お金の貸し借り（金銭消費貸借）の場面において、借主である債務者は、貸主である債権者に対して不動産を担保として差し出すことがあります。債権者は差し出された不動産に抵当権を設定します。（不動産の所有者が変更になるわけではありません。）万が一、債務が弁済されなくなった場合には、債権者はその不動産を換価し、その換価代金から優先的に弁済を受けることができます。住宅ローンを組んで不動産を購入する場合には、不動産購入と同時にこの抵当権設定登記を行うという形式が一般的です。

抵当権設定登記申請書のサンプル

　抵当権設定登記は、**債権者**が登記権利者、**抵当権設定者（不動産を担保として提供する者）**が登記義務者として共同で申請します。債務者が必ずしも登記義務者になるわけではない点に注意が必要です。

140

申請書5-3　抵当権を設定した場合（代理人申請）

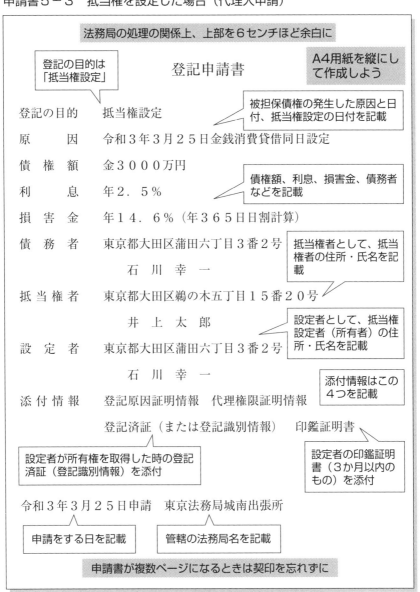

法務局の処理の関係上、上部を6センチほど余白に

登記申請書

登記の目的は
「抵当権設定」

A4用紙を縦にし
て作成しよう

登記の目的　　抵当権設定

被担保債権の発生した原因と日
付、抵当権設定の日付を記載

原　　　因　　令和3年3月25日金銭消費貸借同日設定

債　権　額　　金3000万円

利　　　息　　年2.5％

債権額、利息、損害金、債務者
などを記載

損　害　金　　年14.6％（年365日日割計算）

債　務　者　　東京都大田区蒲田六丁目3番2号

　　　　　　　　石　川　幸　一

抵当権者として、抵当
権者の住所・氏名を記
載

抵 当 権 者　　東京都大田区鵜の木五丁目15番20号

　　　　　　　　井　上　太　郎

設 定 者　　東京都大田区蒲田六丁目3番2号

設定者として、抵当権
設定者（所有者）の住
所・氏名を記載

　　　　　　　　石　川　幸　一

添 付 情 報　　登記原因証明情報　代理権限証明情報

添付情報はこの
4つを記載

　　　　　　　　登記済証（または登記識別情報）　　印鑑証明書

設定者が所有権を取得した時の登記
済証（登記識別情報）を添付

設定者の印鑑証明
書（3か月以内の
もの）を添付

令和3年3月25日申請　　東京法務局城南出張所

申請をする日を記載

管轄の法務局名を記載

申請書が複数ページになるときは契印を忘れずに

第5章

抵当権抹消登記・抵当権設定登記　**141**

```
┌────────────────────────────────────────┐
│      代理人が申請する場合はこのように記載      │
└────────────────────────────────────────┘

代 理 人      東京都大田区久が原七丁目１４番２８号

           東 山 公 二   ㊞

           連絡先の電話番号　０３－○○○○－○○○○


課 税 価 格    金３０００万円   ┌──────────────┐
                          │ 課税価格は債権額 │
                          └──────────────┘

登 録 免 許 税  金１２万円
                    ┌────────────────────────┐
                    │ 登録免許税は、               │
                    │ 課税価格×0.4％（1,000分の4） │
                    └────────────────────────┘

不動産の表示

    所    在   大田区蒲田六丁目
                          ┌──────────────────────┐
    地    番   ３番２       │ 登記事項証明書を見ながら不動 │
                          │ 産を正確に記載　 P66      │
    地    目   宅地        └──────────────────────┘

    地    積   ３２０平方メートル
```

ちょっと確認　〈抵当権設定登記は自分でできるか？〉

　抵当権設定登記は、抵当権者が登記権利者となります。金融機関が債務者にお金を貸し、その担保として債務者が所有する不動産に抵当権を設定するというのが典型的な類型です。

　この場合、債務者側が「自分で登記をしたい」と金融機関に伝えても基本的に応じてくれることはないでしょう。もし抵当権者である金融機関が債務者に登記を任せて、債務者が正しい登記をしなかったり、できなかったりしたらどうなるでしょう。金融機関側から見ると無担保でお金を貸した…という形になってしまいます。したがって、このような抵当権設定登記においては手続に司法書士が関与するのが一般的なのです。

第6章

不動産を購入したときの登記手続

マイホーム、投資用、親子間…不動産を購入したら?

～売買による所有権移転登記～

　夢のマイホーム、投資用不動産の購入、親子間での不動産売買…。不動産を購入したときには売買による所有権移転登記が必要になります。

　一般的には、売買代金の授受と同時に、買主が登記権利者、売主が登記義務者となって共同で所有権移転登記を申請します。

　不動産の売買となると大きなお金が絡みます。当事者として関わる場合に備えて一連の流れを確認しましょう。

売買による所有権移転登記とは?

売買によって不動産の所有権を移転する登記です。
どのような手続なのか確認しましょう。

　不動産を売買した場合、買主はそれに伴う所有権移転登記をしなけれ
ば、自分が所有者であることを第三者に主張することができません。

対抗力 P34

　売買による所有権移転登記は、買主が登記権利者、売主が登記義務者
として共同で申請するのが原則です。一般的には、売買代金の授受と登
記済証・登記識別情報、印鑑証明書など必要書類の受け渡しを同時に行
います。

決済：当事者双方が集まるのが一般的

売買による所有権移転登記の**難易度を確認**しましょう

　さまざまなリスクとの兼ね合いから、売買による所有権移転登記は**自
分でするのになじまない種類の登記**であると考えられています。特に、
次のようなケースでは、専門家に依頼するのが一般的です。

☑ **住所変更登記や抵当権抹消登記などを併せて行う必要がある場合**

Why? 売買による所有権移転登記の前提としてこれらの登記を行わなければならないときに、万が一これらの登記を間違ってしまうと、関連して他の登記にも影響がおよび各当事者にも不利益が生じる可能性があるため。（最悪の場合は、登記の取下げ・却下。）

☑ **金融機関からの借入がある場合**

Why? 金融機関からの借入を行って不動産を売買する場合、売買のみを切り離して登記を行うことは金融機関にとって大きなリスクとなるので、自分で登記することを認めてもらうことは難しいため。

☑ **当事者全員がリスクを理解していない場合**

Why? 不動産の売買による所有権移転登記が、当事者の意思の通りになされない場合、各当事者が負うリスクは非常に大きなもので、それらを十分に理解をしたうえで当事者全員が協力しなければ難しいため。

売買による所有権移転登記の**流れを確認**しましょう

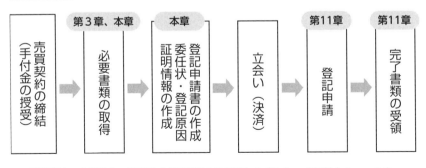

※取引慣習上、売買代金の授受及び必要書類の受け渡しを「立会い（決済）」といいます。
※手付金の授受を行わない場合は、売買契約を立会い（決済）と同時に行うこともあります。

第6章

売買による所有権移転登記の**ポイントを確認**しましょう

こんなときに必要	不動産を売買（購入・売却）したとき
登記手続の当事者	不動産の所有者（売主）と買主の共同申請
一般的な添付書類	登記原因証明情報 登記済証・登記識別情報 印鑑証明書（売主について：3か月以内） 住所証明情報（買主について） 代理権限証明情報（委任状など） 会社法人等番号（法人の場合） 固定資産評価証明書（最新年度のもの）
登録免許税	【原則】 課税価格 × 1,000分の20 【土地の売買】 課税価格 × 1,000分の15 （令和5年3月31日までの特例措置） 【軽減税率が適用される場合（建物） P87 】 課税価格 × 1,000分の3 （令和5年3月31日までの特例措置）
完了書類	登記完了証 登記識別情報通知書 原本還付した書類（住民票の写し、固定資産評価証明書など） 使用した登記済証

登記事項証明書のココを**チェック**しましょう

【甲区から誰が所有者であるのかを確認する】

権利部（甲区）（所有権に関する事項）			
順位番号	登記の目的	受付年月日・受付番号	権利者その他の事項
4	所有権移転	平成１８年７月２２日 第１６２８４号	原因　平成１７年１２月２８日相続 所有者　東京都港区芝八丁目２番２号 　　　大　山　裕　司

この受付年月日・受付番号の登記済証・登記識別情報を添付します

現在の所有者は登記義務者になります

　甲区全体を確認してみましょう。順位番号の順に所有権が移転する経緯を確認し、今現在、登記簿上の所有者が誰であるのか確認します。売買によって所有権を移転する場合、ここに記載されている現在の所有者が登記義務者となります。登記義務者である売主は、所有権を取得した当時の登記済証または登記識別情報を提出する必要があります。

【所有権移転登記が完了した後の登記事項証明書】

権利部（甲区）（所有権に関する事項）			
順位番号	登記の目的	受付年月日・受付番号	権利者その他の事項
4	所有権移転	平成１８年７月２２日 第１６２８４号	原因　平成１７年１２月２８日相続 所有者　東京都港区芝八丁目２番２号 　　　大　山　裕　司
5	所有権移転	令和３年２月５日 第３００号	原因　令和３年２月５日売買 所有者　さいたま市浦和区高砂 　　　五丁目５番５号 　　　大　山　健　一

正しく登記されているか確認しましょう

　売買による所有権移転登記が完了すると甲区の末尾に所有権移転登記による登記事項が記載されます。これにより、この不動産の所有権が買主に移転したことが確認できます。

第6章

不動産売買はさまざまな確認が必要です

　単純に売買によって所有権の移転登記をする、というだけであれば、登記簿の甲区のみを確認すれば足りますが、実際には不動産全体の登記状況（**表題部の状況や乙区の状況**）についても併せて確認をしておく必要があります。不動産を購入すれば買主はその不動産の所有者となり、その不動産に関する権利や義務を原則としてすべて引き継ぐことになるからです。また、同じ理由から登記事項証明書だけでなく**地積測量図や建物図面など各種書類の取得**や**現況の確認**など、不動産売買の場合にはさまざまな確認が求められます。買主側は特に慎重にチェックをしておく必要があります。

所有権移転登記の**前提**としての**住所・氏名変更登記の要否**

　不動産の所有者は所有権移転登記の申請人（登記義務者）となります。所有権移転登記を申請するに際し、不動産の所有者の現在の住所や氏名が、登記簿上の住所・氏名と異なる場合は、所有権移転登記の前提として、**不動産登記名義人住所・氏名変更（更正）登記が必要**になります。住所・氏名変更（更正）登記と所有権移転登記を連件（１／２、２／２という形）で申請することもできます。 第4章　連件申請 P70

> ### ちょっと確認　〈売買による登記は自分でできるか？〉

　前述の通り高額なお金が絡み、確認事項も多いことから、売買による所有権移転登記は、「自分でできる登記」とは言いづらいものとされています。一部の例外を除き、専門家に依頼をしたほうが良いケースがほとんどだと思いますが、もし専門家に依頼をされる場合でもどのような手順で登記がなされるのか把握しておくと安心して依頼をすることができます。不動産という大きな財産の売買です。結果的に自分で登記ができない場合でも、ひと通り手順を確認しておくことをおすすめします。

148

2 売買による所有権移転登記の申請準備をしよう

売買による所有権移転登記の申請に向けて、具体的な準備の内容を確認していきましょう。

必要な書類を取得・準備しましょう

売買による所有権移転登記を行う場合、原則として**売主（登記義務者）**は移転する**不動産の登記済証（または登記識別情報）** P78 、印鑑証明書、固定資産評価証明書を、買主（登記権利者）は**住所証明情報（住民票の写しなど）**を用意する必要があります。

売買による所有権移転登記と併せて、住所・氏名変更（更正）登記や抵当権抹消登記、抵当権設定登記などを行う場合は、それらに関する書類も併せて準備する必要があります。

なお、下記の要件に該当する建物の売買による所有権移転登記においては、**住宅用家屋証明書**を添付することで登録免許税の税率の軽減が受けられます。 住宅用家屋証明書 P87

【要件】
・取得後1年以内であること
・個人が取得した住宅用家屋で、建物の床面積が50㎡以上であること
・併用住宅の場合は、居住部分が90％以上であること
・建築後年数が20年以内（鉄骨造、鉄筋コンクリート造、鉄骨鉄筋コンクリート造など耐火建築物の場合は25年以内）であること　　　　　など

【代表的な軽減の内容（登録免許税の税率）】
租税特別措置法第73条　税率3／1,000
租税特別措置法第74条（特定認定長期優良住宅の場合）　　税率　1／1,000
（一戸建ての特定認定長期優良住宅の場合は2／1,000）
租税特別措置法第74条の2（認定低炭素住宅の場合）　　税率　1／1,000

（令和3年11月1日現在）

第6章

また、**農地**（登記簿上の地目が田、畑になっている土地など）を売買する場合には、原則として農地法上の許可が必要となります。この場合は、農地のある市区町村役場の農業委員会などにおいて許可等を得る必要があり、登記の際には**許可等があったことを証する書面**を添付する必要があります。具体的な手続は管轄市区町村役場の**農業委員会**に確認するようにしましょう。

　農地法上の許可を得ないで売買を行っても、買主に所有権は移転しません。注意しておきましょう。

売買による所有権移転登記に**必要な書面を作成**しましょう

　売買による所有権移転登記にあたっては、**登記申請書**の他に**登記原因証明情報**を作成するのが一般的です。また、代理人が登記を申請する際には委任状を作成します。売買契約書など売買契約の内容を確認しながら、それぞれ作成します。

ちょっと確認　〈売買の前には登記事項証明書を取得〉

　登記申請の前に登記簿の状況を確認するという作業はどの登記においても共通しますが、売買による所有権移転登記においては特に重要です。

P74

　当事者に間違いがないかどうか確認するのはもちろんのこと、他に想定していない登記（例：抵当権や差押、仮差押に関する登記）が入っていないかどうかなど、代金授受の直前に改めて登記事項証明書を取得するようにしましょう。

参考 P76

150

申請書6-1　親子間で不動産を売買した場合（代理人申請）

法務局の処理の関係上、上部を6センチほど余白に

登記申請書

A4用紙を縦にして作成しよう

登記の目的　　所有権移転　　　　　　　　　　　　　　　…①

原　　　因　　令和3年2月5日　売買　　　　　　　　　…②

権　利　者　　さいたま市浦和区高砂五丁目5番5号
　　　　　　　大　山　健　一
　　　　　　　　　　　　　　　　　　　　　　　　　　　…③
義　務　者　　東京都港区芝八丁目2番2号
　　　　　　　大　山　裕　司

添　付　情　報　　登記原因証明情報　登記済証（または登記識別情報）
　　　　　　　印鑑証明書　住所証明情報　代理権限証明情報　…④

令和3年2月5日申請　さいたま地方法務局　　　　　　　…⑤

申請人兼義務者代理人　　　　　　　　　　　　　　　　　…⑥
　　　　　　　さいたま市浦和区高砂五丁目5番5号
　　　　　　　大　山　健　一　（大山）
　　　　　　　連絡先の電話番号　048-○○○-○○○○

課　税　価　格　　金10,000,000円
登録免許税　　金150,000円
　　　　　　　租税特別措置法第72条　　　　　　　　　　…⑦

申請書が複数ページになるときは契印を忘れずに

```
不動産の表示                                    …⑧
    所   在      さいたま市浦和区高砂五丁目
    地   番      5番5
    地   目      宅地
    地   積      87．65㎡
```

　不動産の売買による所有権移転登記です。申請書の記載方法について、添付書類、登録免許税などを中心に確認しましょう。

①登記の目的

　「**所有権移転**」と記載します。不動産を2名以上の者が共有していて、全員が売主となる場合は、「**共有者全員持分全部移転**」となります。

②原因

　「**年月日　売買**」といったように、売買である旨と所有権移転の日付を記載します。日付は原則として**売買契約が成立した日**ですが、売買契約において「**売買代金全額の支払いをもって所有権が移転する**」というような所有権移転時期の留保の特約がある場合は、その特約の条件が成就した日、つまり**売買代金全額の支払いがあった日**を記載します。

③申請人（権利者・義務者）

　権利者として、買主の住所と氏名を住民票の写しの記載通りに記載します。義務者として、売主の住所と氏名を印鑑証明書の記載通りに記載します。　参考 P148

④添付情報

　所有権移転登記の添付情報は、原則として登記原因証明情報、登記済証（または登記識別情報）、印鑑証明書、住所証明情報、代理権限証明情報です。固定資産評価証明書は、法律上の添付情報ではありませんが、課税価格及び登録免許税算出のため添付するのが実務上の取り扱いです。

まず、**登記原因証明情報**として、売買による所有権移転を証する情報を添付します。売買契約成立日に移転する場合は売買契約書、「代金の支払時に所有権が移転する」旨の特約がある場合は売買契約書と領収証などがこれに該当しますが、通常は、登記用として必要情報を記載した登記原因証明情報と称する書面を作成するのが一般的です。 P 155

　登記義務者である売主は、**印鑑証明書**と所有権を取得したときの**登記済証（または登記識別情報）**を添付します。 参考 P 78 　 P 157

　なお、**印鑑証明書は３か月以内に作成されたものでなければならない**点に注意が必要です。

　登記権利者である買主は、架空の人物による登記を防止するため、住所証明情報として**住民票の写し（または戸籍の附票の写し）**を添付します。住民票コードを記載した場合は添付する必要はありません。 P 83

　代理人によって登記を申請する場合は、代理権限証明情報として**委任状**を（法人の場合は会社法人等番号を記載する。 P 138 ）添付します。売主など所有権移転登記における登記義務者が登記手続を委任する場合、委任状には**実印**を押印する必要がありますので注意しましょう。 参考 P 95

　また、法定の添付情報ではありませんが、課税価格及び登録免許税算定の根拠となる資料として、**最新年度の固定資産評価証明書（または課税明細のある固定資産税納税通知書）**を添付します。 参考 P 89

　住民票の写し、固定資産評価証明書などは、原本還付の処理をすることで原本を還付してもらうことができます。 原本還付 P 238

⑤**申請日と管轄** P 80

　登記を申請する日付と管轄法務局を記載します。

　窓口に持参して登記申請をする場合は、申請日を記載しましょう。

　郵送で申請する場合、申請日は法務局に届く日を記載するのが原則ですが、空欄のままでも問題はないようです。

管轄は、登記をする不動産によって決まっています。不動産が複数存在していて、それぞれ管轄する法務局が異なる場合は、管轄ごとに登記を申請する必要があります。間違えないようにしましょう。

⑥代理人

　登記権利者である買主が、登記義務者である売主から委任を受けて登記を申請する場合、「**申請人兼義務者代理人**」と記載し、住所、氏名及び連絡先電話番号を記載し、捺印します。捺印は認印でも構いません。

⑦課税価格・登録免許税

【売買による所有権移転登記の登録免許税（土地・建物共通）】

課税価格　×　2%（1,000分の20）

　固定資産評価証明書に記載された固定資産の価格のうち1,000円未満を切り捨てた金額が**課税価格**です。固定資産の価格が1,000円に満たないときは、課税価格は1,000円になります。登録免許税は100円未満の金額を切り捨てます。算出した金額が1,000円に満たないときは、登録免許税は1,000円になります。

　なお、**土地の売買による所有権移転登記**については、税率が租税特別措置法により、令和5年3月31日までは**1,000分の15**とされています。申請書には「**租税特別措置法第72条**」と根拠条文を記載します。

　また、**住宅用家屋の売買による所有権移転登記**については、令和5年3月31日まで税率が原則**1,000分の3**に軽減されています。ただし、登記上の床面積が50㎡以上であることなど一定の条件を満たす必要があり、満たす場合にはそれを証する書面として、市区町村役場で取得できる**住宅用家屋証明書**を申請書に添付します。　P 87　　要件P 149

⑧不動産の表示　P 66

　登記事項証明書を確認しながら、不動産の表示を正確に記載します。

申請書6-1　登記原因証明情報サンプル

法務局の処理の関係上、上部を6センチほど余白に

登記原因証明情報

A4用紙を縦にして作成しよう

1．登記申請情報の要項 ← 登記申請書の要項を記載
　（1）登記の目的　所有権移転
　（2）登記の原因　令和3年2月5日　売買
　（3）当　事　者　さいたま市浦和区高砂五丁目5番5号
　　　　　　　　　　　　　権利者　大　山　健　一（甲）
　　　　　　　　　　東京都港区芝八丁目2番2号
　　　　　　　　　　　　　義務者　大　山　裕　司（乙）
　（4）不　動　産
　　　　所　　　在　さいたま市浦和区高砂五丁目
　　　　地　　　番　5番5
　　　　地　　　目　宅地
　　　　地　　　積　87．65㎡

登記の原因となる事実または法律行為を順を追って記載

2．登記の原因となる事実又は法律行為
　（1）甲と乙は、令和2年12月12日、上記不動産に関する売
　　　買契約を締結した。
　（2）上記売買契約には、所有権移転の時期について、甲が売買
　　　代金の全額を支払い、乙がこれを受領した時に所有権が移
　　　転する旨の特約が付されている。
　（3）甲は、令和3年2月5日、売買代金全額を乙に支払い、乙
　　　はこれを受領した。
　（4）よって、本件不動産の所有権は、同日、乙から甲に移転し
　　　た。

申請書が複数ページになるときは契印を忘れずに

第6章

令和３年２月５日　さいたま地方法務局

上記の登記原因の通り相違ありません。
　（買主・登記権利者・甲）
　　住　所　さいたま市浦和区高砂五丁目５番５号
　　氏　名　大　山　健　一　　㊞健一

　（売主・登記義務者・乙）
　　住　所　東京都港区芝八丁目２番２号
　　氏　名　大　山　裕　司　　㊞裕司

> 当事者の記名押印
> 押印は認印でも構い
> ませんが、実印を押
> 印するのが望ましい
> でしょう

※登記原因証明情報作成の注意事項

　登記原因証明情報として、売買契約書等とは別に書面を作成するのが一般的です。登記原因証明情報たる書面には、日時、当事者、不動産の表示、売買契約の存在及びそれに基づいて所有権が移転したということを盛り込みます。

　最終的に登記義務者である売主の署名または記名押印が必要になります。当事者双方が確認したということがわかるよう、買主も併せて署名または記名押印を行っておいたほうがよいでしょう。

【登記済証の確認】

　現在の所有者が不動産を取得した当時に受け取っているはずのもので、通常は、登記を申請した司法書士事務所が表紙を付けて冊子にして綴じています。末尾に受付番号が書かれた法務局の印が押してあります。登記事項証明書（登記簿謄本）の受付番号と法務局の印に記載される受付番号、登記済証の各種記載内容を照合し、間違いなくその不動産の登記済証かどうか確認します。　**登記済証サンプル P79**

156

【登記識別情報の確認】

　不動産登記法の改正に伴い、現在では登記済証に代わって登記識別情報が登記名義人に対して発行されることになりました。

　法務局によって、登記識別情報が発行されるように移行した時期が異なります。オンライン指定庁になった日以降に登記名義人となった者に対しては、原則として登記識別情報が発行されています。

　登記識別情報が発行されている所有者は、登記識別情報を添付することになります。登記識別情報は登記識別情報通知書をコピーし、封筒に入れて提出するという方法が一般的です。

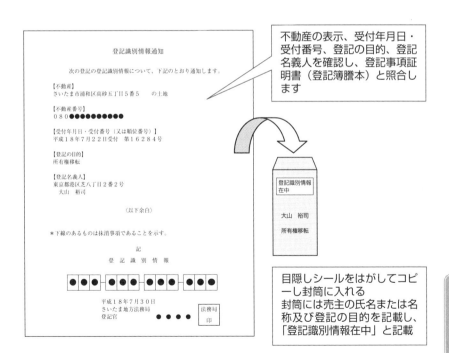

不動産の表示、受付年月日・受付番号、登記の目的、登記名義人を確認し、登記事項証明書（登記簿謄本）と照合します

目隠しシールをはがしてコピーし封筒に入れる
封筒には売主の氏名または名称及び登記の目的を記載し、「登記識別情報在中」と記載

第6章

持分を移転する場合

持分の売買の場合も基本的な形式は同じですが、移転する持分の表記などに注意する必要があります。

【所有者大山裕司の持分2分の1を移転する場合の申請書抜粋】

登記の目的	所有権一部移転
権 利 者	さいたま市浦和区高砂五丁目5番5号
	持分2分の1　　大　山　健　一

【2分の1の共有持分全部を移転する場合の申請書抜粋】

登記の目的	大山裕司持分全部移転
権 利 者	さいたま市浦和区高砂五丁目5番5号
	持分2分の1　　大　山　健　一

不動産売買にかかる税金

不動産を購入したり売却したりすると、税金が課せられます。自分で所有権移転登記を行う場合には、事前にどんな税金が発生するのか、また、それぞれどれくらいかかるのかを税務署などで確認しておきましょう。

【共通でかかる税金の一例】

印紙税（売買契約書）、登録免許税（登記）

【不動産を売却したときにかかる税金の一例】

譲渡所得に対する税金

【不動産を購入したとき及び購入後にかかる税金の一例】

不動産取得税、固定資産税

158

第**7**章

不動産を贈与したときの登記手続

相続対策、夫婦間…
不動産を贈与したら?
～贈与による所有権移転登記～

　相続対策のための贈与や夫婦間の配
偶者控除の特例を利用した贈与など、
不動産を贈与したときには贈与による
所有権移転登記が必要になります。

　贈与を受けた者が登記権利者、贈与
をした者が登記義務者となって共同で
所有権移転登記を申請します。

　基本的な登記申請の形式は、売買に
よる所有権移転登記と同様です。第6
章と比較しながら確認してみるとわか
りやすいでしょう。

贈与による所有権移転登記とは?

贈与によって不動産の所有権を移転する登記です。
どのような手続なのか確認しましょう。

　不動産の贈与を受けた場合、贈与を受けた者（受贈者）はそれに伴う所有権移転登記をしなければ、自分が所有者であることを第三者に主張することができません。 対抗力 P34

　贈与による所有権移転登記は、贈与を受ける者（受贈者）が登記権利者、贈与をする者（贈与者）が登記義務者として共同で申請するのが原則です。 P35

贈与による所有権移転登記の**難易度を確認**しましょう

　金銭の授受が絡まない分、売買による所有権移転登記よりは専門家に依頼しないで登記をしやすい種類であるといえます。しかし、以下のケースでは少し難しくなります。

☑　他の登記（住所変更・抵当権抹消・抵当権設定など）と併せて申請しなければならない場合

　他の登記と併せて申請しなければならない場合、1つの間違いがすべての登記に影響し、場合によってはすべての登記を取り下げたり、却下されたりする可能性があるため。

160

贈与による所有権移転登記の**流れを確認**しましょう

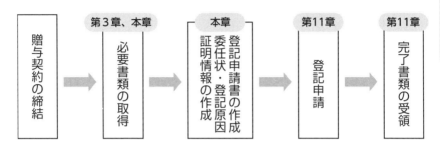

贈与による所有権移転登記の**ポイントを確認**しましょう

こんなときに必要	不動産を贈与したとき、贈与を受けたとき
登記手続の当事者	不動産の所有者（贈与者）と受贈者の共同申請
一般的な添付書類	登記原因証明情報 登記済証・登記識別情報 印鑑証明書（贈与者について：3か月以内） 住所証明情報（受贈者について） 代理権限証明情報（委任状など） 会社法人等番号（法人の場合） 固定資産評価証明書（最新年度のもの）
登録免許税	課税価格　×1,000分の20
完了書類	登記完了証 登記識別情報通知書 原本還付した書類（住民票の写しなど） 使用した登記済証

登記事項証明書のココを**チェック**しましょう

【甲区から誰が所有者であるのかを確認する】

順位番号	登記の目的	受付年月日・受付番号	権利者その他の事項
権利部（甲区）（所有権に関する事項）			
4	所有権移転	平成１８年７月２２日 第１６２８４号	原因　平成１７年１２月２８日相続 所有者　さいたま市浦和区高砂五丁目 　　　５番５号 　　　大　山　裕　司

> この受付年月日・受付番号の登記済証・登記識別情報を添付します

> 現在の所有者は登記義務者になります

　甲区全体を確認してみましょう。順位番号の順に所有権が移転する経緯を確認し、今現在、登記簿上の所有者が誰であるのか確認します。贈与によって所有権を移転する場合、ここに記載されている現在の所有者（または共有者）が登記義務者となります。

【所有権移転登記が完了した後の登記事項証明書】

順位番号	登記の目的	受付年月日・受付番号	権利者その他の事項
権利部（甲区）（所有権に関する事項）			
4	所有権移転	平成１８年７月２２日 第１６２８４号	原因　平成１７年１２月２８日相続 所有者　さいたま市浦和区高砂五丁目 　　　５番５号 　　　大　山　裕　司
5	所有権移転	令和３年１月１９日 第３０号	原因　令和３年１月９日贈与 所有者　東京都多摩市落合八丁目 　　　６番２６号 　　　大　山　洋　平

> 正しく登記されているか確認しましょう

　贈与による所有権移転登記が完了すると甲区の末尾に所有権移転登記による登記事項が記載されます。これにより、この不動産の所有権が贈与を受けた者に移転したことが確認できます。

162

所有権移転登記の**前提**としての**住所・氏名変更登記の要否**

　不動産の所有者は所有権移転登記の申請人（登記義務者）となります。所有権移転登記を申請するに際し、不動産の所有者の現在の住所や氏名が、登記簿上の住所・氏名と異なる場合は、所有権移転登記の前提として、**不動産登記名義人住所・氏名変更（更正）登記が必要**になります。

第4章

　住所・氏名変更（更正）登記と所有権移転登記を連件（1／2、2／2という形）で申請することもできます。　連件申請 P70

贈与と売買の違い

　民法上は、代金を支払って財産を移転してもらうのが「売買」、無償で財産を移転してもらうのが「贈与」となっています。

　財産の移転に対価を伴うか否かで区別されることになります。

　ただし、財産（不動産）の移転に際して代金を支払った、つまり法律上は売買となる場合であっても、支払った代金が著しく低いときは、税務上、贈与税が課せられる場合があります。

　例えば、時価5,000万円の土地を1,000万円で売買した場合、実質的には4,000万円を贈与した（贈与を受けた）のと同じような効果となります。この分について**贈与税**が課せられる可能性があるのです。

2 贈与による所有権移転登記の申請準備をしよう

贈与による所有権移転登記の申請に向けて、具体的な準備の内容を確認していきましょう。

必要な書類を取得・準備しましょう

贈与による所有権移転登記を行う場合、原則として**贈与する者（贈与者：登記義務者）**は移転する**不動産の登記済証（または登記識別情報）**、印鑑証明書、固定資産評価証明書を、贈与を受ける者（受贈者：登記権利者）は**住所証明情報（住民票の写しなど）**を用意する必要があります。

贈与による所有権移転登記と併せて、住所変更登記や抵当権抹消登記、抵当権設定登記などを行う場合は、それらに関する書類も併せて準備する必要があります。

贈与による所有権移転登記に**必要な書面を作成**しましょう

贈与による所有権移転登記にあたっては、**登記申請書**の他に**登記原因証明情報**を作成するのが一般的です。また、代理人が登記を申請する際には**委任状**を作成します。贈与契約書など贈与契約の内容を確認しながら、それぞれ作成しましょう。

ちょっと発展 〈文書を作成することの重要性〉

登記の際に添付する、しないにかかわらず、不動産に関連する法律行為については、文書を作成することが非常に重要です。口頭で契約が成立するからといって口頭で済ませてしまうのではなく、契約を行ったときは契約書、代金の授受を行ったときは領収書など、後日の紛争防止のためにも必ず書面を作成するようにしましょう。

申請書7−1　親子間で不動産を贈与した場合（代理人申請）

法務局の処理の関係上、上部を6センチほど余白に

登記申請書

A4用紙を縦にして作成しよう

登記の目的　　所有権移転　　　　　　　　　　　　　　　　…①

原　　　因　　令和3年1月9日　贈与　　　　　　　　　…②

権　利　者　　東京都多摩市落合八丁目26番6号
　　　　　　　大　山　洋　平
　　　　　　　　　　　　　　　　　　　　　　　　　　　…③
義　務　者　　さいたま市浦和区高砂五丁目5番5号
　　　　　　　大　山　裕　司

添　付　情　報　　登記原因証明情報　登記済証（または登記識別情報）
　　　　　　　印鑑証明書　住所証明情報
　　　　　　　代理権限証明情報　　　　　　　　　　　　…④

令和3年1月19日申請　さいたま地方法務局　　　　　…⑤

申請人兼義務者代理人　　　　　　　　　　　　　　　　…⑥
　　　　　　　東京都多摩市落合八丁目26番6号
　　　　　　　大　山　洋　平　（洋平）
　　　　　　　連絡先の電話番号　042−○○○−○○○○

課 税 価 格　　金10,000,000円
　　　　　　　　　　　　　　　　　　　　　　　　　　…⑦
登録免許税　　金200,000円

申請書が複数ページになるときは契印を忘れずに

```
不動産の表示                                    …⑧
   所    在      さいたま市浦和区高砂五丁目
   地    番      5番5
   地    目      宅地
   地    積      87．65㎡
```

　贈与による所有権移転登記です。基本的な形式は売買による所有権移
転登記（申請書6－1）と同様です。　申請書6－1 P151

①登記の目的

　「**所有権移転**」と記載します。不動産を2名以上の者が共有していて、
全員が贈与する場合は、「**共有者全員持分全部移転**」となります。

②原因

　「**年月日　贈与**」といったように、贈与である旨と所有権移転の日付
を記載します。日付は原則として贈与契約が成立した日です。

③申請人（権利者・義務者）

　権利者として、**贈与を受ける者**の住所と氏名を記載します。

　義務者として、**贈与をする者**の住所と氏名を記載します。

　住所と氏名は、それぞれ住民票などの記載のとおり「〇丁目〇番〇号」
と正確に記載します。　参照 P163

④添付情報

　所有権移転登記の添付情報は、原則として登記原因証明情報、登記済
証（または登記識別情報）、印鑑証明書、住所証明情報、代理権限証明
情報です。固定資産評価証明書は、法律上の添付情報ではありませんが、
課税価格及び登録免許税算出のため添付するのが実務上の取り扱いです。

　まず、**登記原因証明情報**として、贈与による所有権移転を証する情報
を添付します。贈与契約成立日に移転する場合は贈与契約書などが該当

しますが、通常は、贈与契約書とは別に登記用の登記原因証明情報を作成するのが一般的です。

登記義務者である贈与者は、**作成後3か月以内の印鑑証明書**と所有権を取得したときの**登記済証（または登記識別情報）**を添付します。

参考 P78　　P171

登記権利者である受贈者は、住所証明情報として、**住民票の写し（または戸籍の附票の写し）**を添付します。架空の人物による登記を防止するためです。住民票コードを記載した場合は添付する必要はありません。

代理人によって登記を申請する場合は、代理権限証明情報として**委任状など**を添付します。贈与者など所有権移転登記における登記義務者が登記手続を委任する場合、委任状には**実印**を押印する必要がありますので注意しましょう。参考 P95

また、法定の添付情報ではありませんが、課税価格及び登録免許税算定の根拠となる資料として、**最新年度の固定資産評価証明書（または課税明細のある固定資産税納税通知書）**を添付します。参考 P89

住民票の写し、固定資産評価証明書などは、原本還付の処理をすることで原本を還付してもらうことができます。原本還付 P238

⑤**申請日と管轄**　P80

登記を申請する日付と管轄法務局を記載します。

窓口に持参して登記申請をする場合は、申請日を記載しましょう。

郵送で申請する場合、申請日は法務局に届く日を記載するのが原則ですが、空欄のままでも問題はないようです。

管轄は、登記をする不動産によって決まっています。不動産が複数存在していて、それぞれ管轄する法務局が異なる場合は、管轄ごとに登記を申請する必要があります。間違えないように確認しましょう。

⑥代理人

　登記権利者である受贈者が、登記義務者である贈与者から委任を受けて登記を申請する場合、「**申請人兼義務者代理人**」と記載し、住所、氏名及び連絡先電話番号を記載し、捺印します。捺印は認印でも構いません。

⑦課税価格・登録免許税　　P 90

　【贈与による所有権移転登記の登録免許税（土地・建物共通)】

課税価格　×　2%（1,000分の20)

　固定資産評価証明書に記載された固定資産の価格のうち1,000円未満を切り捨てた金額が課税価格です。固定資産の価格が1,000円に満たないときは、課税価格は1,000円になります。

　また、登録免許税は100円未満の金額を切り捨てます。算出した金額が1,000円に満たないときは、登録免許税は1,000円になります。

⑧**不動産の表示**　　P 66

　登記事項証明書を確認しながら、不動産の表示を正確に記載します。

不動産贈与にかかる**税金**

　不動産に限らず財産の贈与を受けると、贈与税や所得税、法人が贈与を受けた場合は法人税が課せられることになります。

　夫婦間の居住用不動産の贈与に関する配偶者控除や住宅取得資金の贈与に関する特例、相続時精算課税の特例など、夫婦間や親子間の贈与の場合は控除や特例が適用される場合があります。これらについても事前に確認しておきましょう。

　【共通でかかる税金の一例】

　　印紙税（贈与契約書）、登録免許税（登記）

　【不動産の贈与を受けたとき及び贈与後にかかる税金の一例】

　　贈与税（場合により所得税、法人税）、固定資産税

168

登記原因証明情報

１．登記申請情報の要項 ── 〔登記申請書の要項を記載〕
  （１）登記の目的　所有権移転
  （２）登記の原因　令和３年１月９日　贈与
  （３）当　事　者　東京都多摩市落合八丁目２６番６号
  　　　　　　　　　　　権利者　大　山　洋　平（甲）
  　　　　　　　　　東京都港区芝八丁目２番２号
  　　　　　　　　　　　義務者　大　山　裕　司（乙）
  （４）不　動　産
  　　　　　所　　　在　さいたま市浦和区高砂五丁目
  　　　　　地　　　番　５番５
  　　　　　地　　　目　宅地
  　　　　　地　　　積　８７．６５㎡

〔登記の原因となる事実または法律行為を順を追って記載〕

２．登記の原因となる事実又は法律行為
  （１）甲と乙は、令和３年１月９日、上記不動産に関する贈与契
  　　　約を締結した。
  （２）よって、本件不動産の所有権は、同日、乙から甲に移転し
  　　　た。
令和３年１月１９日　さいたま地方法務局
上記の登記原因の通り相違ありません。

  （受贈者・登記権利者・甲）
  住　　所　東京都多摩市落合八丁目２６番６号
  氏　　名　大　山　洋　平　㊞〔洋平〕
  （贈与者・登記義務者・乙）
  住　　所　さいたま市浦和区高砂五丁目５番５号
  氏　　名　大　山　裕　司　㊞〔裕司〕

〔当事者の記名押印
押印は認印でも構い
ませんが、実印を押
印するのが望ましい
でしょう〕

申請書7－1　委任状サンプル

委　任　状

（受任者）住所　東京都多摩市落合八丁目２６番６号

　　　　　氏名　大　山　洋　平

私は、上記の者を代理人と定め、下記の権限を委任します。

記

1．下記物件に関する所有権移転登記申請に関する一切の件

　　　原因年月日　令和３年１月９日　贈与

　　　権　利　者　東京都多摩市落合八丁目２６番６号

　　　　　　　　　大　山　洋　平

　　　義　務　者　さいたま市浦和区高砂五丁目５番５号

　　　　　　　　　大　山　裕　司

　　　不動産の表示　（略）

不動産の表示を
正確に記載

2．原本還付請求及び受領に関する件

3．登記識別情報通知及び登記完了証の受領の件

4．登記申請の取下げまたは補正に関する件

5．上記1から4までのほか、登記申請に必要な一切の件

令和３年１月９日

　（委任者）住所　さいたま市浦和区高砂五丁目５番５号

　　　　　　氏名　大　山　裕　司　㊞

登記の手続を受任者に委任する委任者の住所・氏名を記名し、実印を押印

【登記済証の確認】

　現在の所有者が不動産を取得した当時に受け取っているはずのもの
で、通常は、登記を申請した司法書士事務所が表紙を付けて冊子にして
綴じています。末尾に受付番号が書かれた法務局のスタンプが押してあ

ります。登記事項証明書（登記簿謄本）の受付番号と法務局のスタンプに記載される受付番号、登記済証の各種記載内容を照合し、その不動産の登記済証かどうか確認します。　登記済証サンプル P79

【登記識別情報の確認】

　不動産登記法の改正に伴い、現在では登記済証に代わって登記識別情報が登記名義人に対して発行されることになりました。

　法務局によって、登記識別情報が発行されるように移行した時期が異なります。オンライン指定庁になった日以降に登記名義人となった者に対しては、原則として登記識別情報が発行されています。

　登記識別情報が発行されている所有者は、登記識別情報を添付することになります。登記識別情報は登記識別情報通知書をコピーし、封筒に入れて提出するという方法が一般的です。

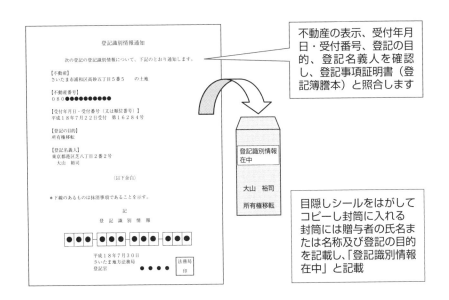

不動産の表示、受付年月日・受付番号、登記の目的、登記名義人を確認し、登記事項証明書（登記簿謄本）と照合します

目隠しシールをはがしてコピーし封筒に入れる封筒には贈与者の氏名または名称及び登記の目的を記載し、「登記識別情報在中」と記載

ちょっと確認　〈権利証を紛失した場合〉

　売買や贈与、財産分与による所有権移転登記を申請する際には、所有者の**登記済証または登記識別情報**を提供する必要があります。登記済証・登記識別情報は、その所有者が登記名義人となった際に原則として交付（通知）される（された）ものです。これらは登記名義人本人からの申請であることを確認するために添付が必要とされています。

　この登記済証や登記識別情報は、原則、再発行はされません。

　したがって、もしこれらを紛失してしまったなどの理由で添付できないときは、以下のいずれかの方法を選択する必要があります。

①事前通知

　登記済証・登記識別情報を添付すべき登記において、それらを添付しないで登記を申請すると、法務局から登記名義人に対して「事前通知」がなされます。この通知に対して2週間以内にその申請の内容に間違いがないことを登記名義人が申し出ることにより、本人からの申請であることを確認するという方法。

②資格者代理人による本人確認

　登記申請を司法書士等に委任する場合は、司法書士等の資格者が登記名義人本人であることを確認した書面（本人確認情報）を提供することで、本人からの申請であることを確認するという方法。

③公証人による認証

　登記名義人本人であることを公証人が確認し、公証人から登記義務者であることを確認するために必要な認証をしてもらう方法。

　登記済証に限らず、原則的に添付しなければならない書類を添付できない場合は、その代わりに必要な書類や手続を確認する必要がありますので注意しておきましょう。

売買 第6章　　贈与 第7章　　財産分与 第8章

第**8**章

離婚をしたときの登記手続

離婚に伴い財産分与をしたら?
～財産分与による所有権移転登記～

　　不動産を所有、あるいは共有している者が離婚した場合、その不動産はどうなるのでしょうか。

　　離婚に伴い財産分与として不動産の所有権を移転するケースがあります。また、併せて住所や氏名の変更登記を行わなければならないこともあります。

　　離婚の際に発生する登記を確認しましょう。

1 財産分与による所有権移転登記とは?

離婚に伴う財産分与によって不動産の所有権を移転する登記です。
どのような手続なのか確認しましょう。

　財産分与とは、夫婦が婚姻中に協力して築いてきた財産について、離婚の際に一方が他方に分与することをいいます。このような清算的な意味合いの財産分与だけではなく、離婚後の相手方の生活保障的な意味合いの扶養的財産分与や、慰謝料的な意味合いの慰謝料的財産分与などの要素が加わることがあります。

　いずれにしても、不動産について離婚に伴う財産分与を行った場合、財産分与を受けた者はそれに伴う所有権移転登記をしなければ、自分が所有者であることを第三者に主張することができません。 対抗力 P34

　財産分与による所有権移転登記は、財産分与を受ける者が登記権利者、財産分与をする者が登記義務者として共同で申請するのが原則です。

174

財産分与による所有権移転登記の**難易度を確認**しましょう

　下記のような場合は、自分で登記をするのは難しいとされています。

☑ **当事者間でのやり取りが難しい場合**

Why?　財産分与による所有権移転登記も原則として当事者双方が共同して申請する必要があり、感情的な対立などで当事者間でのやり取りや打ち合わせが難しい場合は、話を進めることができなくなってしまうため。

☑ **他の登記（住所変更・抵当権抹消・抵当権設定など）と併せて申請しなければならない場合**

Why?　他の登記と併せて申請しなければならない場合、1つの間違いがすべての登記に影響し、場合によってはすべての登記を取り下げたり、却下されたりする可能性があるため。

第8章

財産分与による所有権移転登記の**流れを確認**しましょう

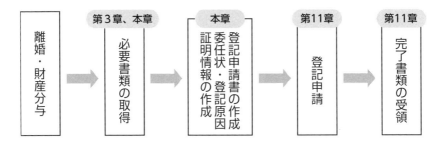

離婚・財産分与 ➡ 〔第3章、本章〕必要書類の取得 ➡ 〔本章〕登記申請書の作成　委任状・登記原因証明情報の作成 ➡ 〔第11章〕登記申請 ➡ 〔第11章〕完了書類の受領

財産分与による所有権移転登記の**ポイントを確認**しましょう

こんなときに必要	離婚に伴い、不動産を財産分与したとき
登記手続の当事者	不動産の所有者（財産分与をする者）と財産分与を受ける者の共同申請
一般的な添付書類	登記原因証明情報 登記済証・登記識別情報 印鑑証明書 （財産分与をする者について：３か月以内） 住所証明情報（財産分与を受ける者について） 代理権限証明情報（委任状など） 固定資産評価証明書（最新年度のもの）
登録免許税	課税価格　×　1,000分の20
完了書類	登記完了証 登記識別情報通知書 原本還付した書類（住民票の写しなど） 使用した登記済証

登記事項証明書のココを**チェック**しましょう

【甲区から誰が所有者であるのかを確認する】

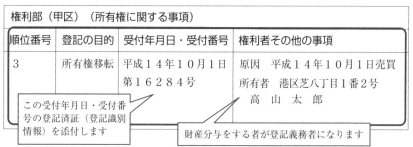

権利部（甲区）（所有権に関する事項）			
順位番号	登記の目的	受付年月日・受付番号	権利者その他の事項
3	所有権移転	平成１４年１０月１日 第１６２８４号	原因　平成１４年１０月１日売買 所有者　港区芝八丁目１番２号 　　高　山　太　郎

この受付年月日・受付番号の登記済証（登記識別情報）を添付します

財産分与をする者が登記義務者になります

　甲区全体を確認してみましょう。順位番号の順に所有権が移転する経緯を確認し、今現在、登記簿上の所有者が誰であるのか確認します。財産分与によって所有権を移転する場合、ここに記載されている現在の所

有者（または共有者）が登記義務者となります。

【所有権移転登記が完了した後の登記事項証明書】

権利部（甲区）（所有権に関する事項）			
順位番号	登記の目的	受付年月日・受付番号	権利者その他の事項
3	所有権移転	平成１４年１０月１日 第１６２８４号	原因　平成１４年１０月１日売買 所有者　港区芝八丁目１番２号 　　高　山　太　郎
4	所有権移転	令和３年２月３日 第１９８７号	原因　令和３年２月１日財産分与 所有者　港区白金七丁目７番７号 　　鈴　木　花　子

正しく登記されているか確認しましょう

　財産分与による所有権移転登記が完了すると甲区の末尾に所有権移転登記による登記事項が記載されます。これにより、この不動産の所有権が財産分与を受けた者に移転したことが確認できます。

所有権移転登記の**前提**としての**住所・氏名変更登記の要否**

　不動産の所有者は所有権移転登記の申請人（義務者）となります。所有権移転登記を申請するに際し、不動産の所有者の現在の住所や氏名が、登記簿上の住所・氏名と異なる場合は、所有権移転登記の前提として、不動産登記名義人住所・氏名変更（更正）登記が**必要**になります。

第4章

　住所・氏名変更（更正）登記と所有権移転登記を連件（１／２、２／２という形）で申請することもできます。　連件申請 P 70

　財産分与による所有権移転登記は離婚後に行いますので、共有の不動産については住所・氏名変更登記とセットになることが一般的です。当事者双方の住所・氏名について、特に確認が必要な登記です。

第8章

2 財産分与による所有権移転登記の申請準備をしよう

財産分与による所有権移転登記の申請に向けて、具体的な準備の内容を確認していきましょう。

必要な書類を取得・準備しましょう

財産分与による所有権移転登記を行う場合、原則として**財産分与をする者（登記義務者）**は移転する**不動産の登記済証（または登記識別情報）、印鑑証明書、固定資産評価証明書**を、**財産分与を受ける者（登記権利者）**は**住所証明情報（住民票の写しなど）**を用意する必要があります。

財産分与による所有権移転登記と併せて、住所・氏名変更（更正）登記や抵当権抹消登記、抵当権設定登記などを行う場合は、それらに関する書類も併せて準備する必要があります。

財産分与による所有権移転登記の**必要書類を作成**しましょう

財産分与による所有権移転登記にあたっては、**登記申請書**の他に**登記原因証明情報**を作成するのが一般的です。また、代理人が登記を申請する際には**委任状**を作成します。財産分与契約書や離婚協議書など財産分与の内容を確認しながら、それぞれ作成します。

申請書8－1　協議離婚で不動産を財産分与した場合（本人申請）

法務局の処理の関係上、上部を6センチほど余白に

登記申請書

A4用紙を縦にして作成しよう

登記の目的　　所有権移転　　　　　　　　　　　　　　　　…①

原　　　因　　令和3年2月1日　財産分与　　　　　　　　…②

権　利　者　　東京都港区白金七丁目7番7号

　　　　　　　鈴　木　花　子　（鈴木）｜認印でも可

　　　　　　　連絡先の電話番号　03－〇〇〇〇－〇〇〇〇

　　　　　　　　　　　　　　　　　　　　　　　　　　　　…③

義　務　者　　東京都港区芝八丁目1番2号

　　　　　　　高　山　太　郎　（高山）｜実印を押印

　　　　　　　連絡先の電話番号　03－〇〇〇〇－〇〇〇〇

添　付　情　報　　登記原因証明情報　登記済証（または登記識別情報）

　　　　　　　印鑑証明書　　住所証明情報　　　　　　　　…④

令和3年2月3日申請　東京法務局港出張所　　　　　　　　…⑤

課　税　価　格　　金10,000,000円

　　　　　　　　　　　　　　　　　　　　　　　　　　　　…⑥

登録免許税　　金200,000円

申請書が複数ページになるときは契印を忘れずに

```
不動産の表示                                            …⑦
    所    在      港区芝八丁目1番地2
    家屋番号        1番2
    種    類      居宅
    構    造      木造スレートぶき2階建
    床 面 積       1階  54．23㎡
                   2階  54．23㎡
```

　当事者双方が共同で財産分与による所有権移転登記を行う場合の登記
です。基本的な形式は売買（申請書6－1）と同様です。

申請書6－1　P151

①登記の目的

　「**所有権移転**」と記載します。共有している持分を移転する場合は、
「**○○（財産分与をする者の氏名）持分全部（一部）移転**」となります。

②原因

　「**年月日　財産分与**」といったように、財産分与である旨と所有権移
転の日付を記載します。協議離婚成立後に財産分与についての協議をし
た場合は、その財産分与の協議が成立した日が登記の原因日付となりま
す。協議離婚の届出より前に財産分与の協議が成立していたのであれば、
協議離婚の届出の日が登記の原因日付となります。

③申請人（権利者・義務者）

　権利者として、財産分与を受ける者の住所と氏名、法務局からの連絡
用の電話番号を記載し、捺印します。権利者の捺印は認印で構いません。
　義務者として、財産分与をする者の住所と氏名、法務局からの連絡用
の電話番号を記載し、捺印します。義務者は印鑑登録がされている**実印**
を押印する必要があります。それぞれの住所、氏名は住民票の写しなど

の通り正しく記載しましょう。 参考 P177

④添付情報

　所有権移転登記の添付情報は、原則として登記原因証明情報、登記済証（または登記識別情報）、印鑑証明書、住所証明情報、代理権限証明情報です。固定資産評価証明書は、法律上の添付情報ではありませんが、課税価格及び登録免許税算出のため添付するのが実務上の取り扱いです。

　まず、**登記原因証明情報**として、財産分与による所有権移転を証する情報を添付します。財産分与協議書や離婚協議書などが該当しますが、通常は、これらの書類とは別に登記用の登記原因証明情報を作成するのが一般的です。正確な離婚の日付を確認するという観点から、戸籍謄本も取得しておきましょう。 参考 P183

　登記義務者（財産分与をする者）は、**作成後3か月以内の印鑑証明書**と所有権を取得した時の**登記済証（または登記識別情報）**を添付します。 参考 P78

　登記権利者（財産分与を受ける者）は、住所証明情報として、**住民票の写し（または戸籍の附票の写し）**を添付します。架空の人物による登記を防止するためです。住民票コードを記載した場合は添付する必要はありません。 参考 P83

　また、法定の添付情報ではありませんが、課税価格及び登録免許税算定の根拠となる資料として、**最新年度の固定資産評価証明書（または課税明細のある固定資産税納税通知書）**を添付します。 参考 P89

　住民票の写し、固定資産評価証明書などは、原本還付の処理をすることで原本を還付してもらうことができます。 原本還付 P238

⑤申請日と管轄 P80

　登記を申請する日付と管轄法務局を記載します。

　窓口に持参して登記申請をする場合は、申請日を記載しましょう。

　郵送で申請する場合、申請日は法務局に届く日を記載するのが原則で

すが、空欄のままでも問題はないようです。

　管轄は、登記をする不動産によって決まっています。不動産を複数所有していて、それぞれ管轄する法務局が異なる場合は、管轄ごとに登記を申請する必要があります。間違えないようにしましょう。

⑥課税価格・登録免許税

【財産分与による所有権移転登記の登録免許税（土地・建物共通）】
課税価格　×　2%（1,000分の20）

　固定資産評価証明書に記載された固定資産の価格のうち1,000円未満を切り捨てた金額が**課税価格**です。固定資産の価格が1,000円に満たないときは、課税価格は1,000円になります。

　また、登録免許税は100円未満の金額を切り捨てます。算出した金額が1,000円に満たないときは、登録免許税は1,000円になります。

⑦**不動産の表示**　　P66

　登記事項証明書を確認しながら、不動産の表示を正確に記載します。

　ちょっと確認　〈不動産を共有するということ〉

　不動産を2人以上の者が共有している場合に、その不動産全部を処分（売却したり担保設定したり）するには、共有者全員が同意する必要があります。共有者のうち1人でも同意しない者がいれば、処分を行うことができません。処分ができないという観点から見ればデメリットとなり、処分を防ぐことができるという観点から見ればメリットということになります。また、2人以上の者が共有する場合は、不動産の管理をどのように行うかという問題が生じることもあります。

　不動産を取得する場合には、それらのメリット・デメリットも考慮して判断することが重要です。

申請書8－1　登記原因証明情報サンプル

登記原因証明情報

1．登記申請情報の要項 —— 登記申請書の要項を記載
　（1）登記の目的　所有権移転
　（2）登記の原因　令和3年2月1日　財産分与
　（3）当　事　者
　　　　権利者　東京都港区白金七丁目7番7号　鈴木　花子（甲）
　　　　義務者　東京都港区芝八丁目1番2号　　高山　太郎（乙）
　（4）不　動　産
　　　　所　　在　　港区芝八丁目1番地2
　　　　家屋番号　　1番2
　　　　種　　類　　居宅
　　　　構　　造　　木造スレートぶき2階建
　　　　床面積　　1階　54．23㎡
　　　　　　　　　　2階　54．23㎡

2．登記の原因となる事実又は法律行為
　（1）甲と乙は、令和3年1月28日、協議離婚した。
　（2）甲と乙との間に、令和3年2月1日、本件不動産を乙から
　　　　甲に財産分与する旨の協議が成立した。
　（3）よって、本件不動産の所有権は、同日、乙から甲に移転し
　　　　た。
令和3年2月3日　東京法務局港出張所
上記の登記原因の通り相違ありません。

> 登記の原因となる事実または法律行為を順を追って記載

　（登記権利者・甲）
　　　　住　　所　　東京都港区白金七丁目7番7号
　　　　氏　　名　鈴　木　花　子　(鈴木)
　（登記義務者・乙）
　　　　住　　所　　東京都港区芝八丁目1番2号
　　　　氏　　名　高　山　太　郎　(高山)

> 当事者の記名押印
> 押印は認印でも構いませんが、実印を押印するのが望ましいでしょう

財産分与と住宅ローン

　抵当権が設定されている不動産は、財産分与によって所有権を移転することができるのでしょうか。

　財産分与による所有権移転登記自体は、債権者（金融機関など）の同意や承諾がなくても、婚姻関係にあった夫婦間の合意のみで行うことができます。

　しかし、通常、住宅ローンについての金銭消費貸借契約や抵当権設定契約においては、「不動産の所有者を変更する場合は、債権者の承諾が必要」である旨が定められていることがほとんどです。

　そして、もし債権者の承諾を得ないで所有者を変更した場合は、期限の利益喪失事由（あらかじめ定めておいた一定の事由が生じた場合には、債務者が一括で残りの債務が請求でき、債務者はそれを支払わなければならないという条項）に該当するものとして、残っている債務を一括で支払うよう請求されることもあります。

　債権者の承諾が得られた場合は、契約に関する書面を新たに作成したり、抵当権の債務者変更登記を行ったり、場合によっては借り換え（既存の抵当権を抹消し、あらたな抵当権を設定）を行ったりすることになります。お互いに連帯債務者となっていたり、片方が連帯保証人となっている場合の契約内容の変更の可否についても、金融機関と慎重に協議を行う必要があります。

　財産分与を行う場合、住宅ローンの有無には特に注意が必要です。

184

申請書8-2　裁判所を介した離婚で不動産を財産分与した場合（本人申請）

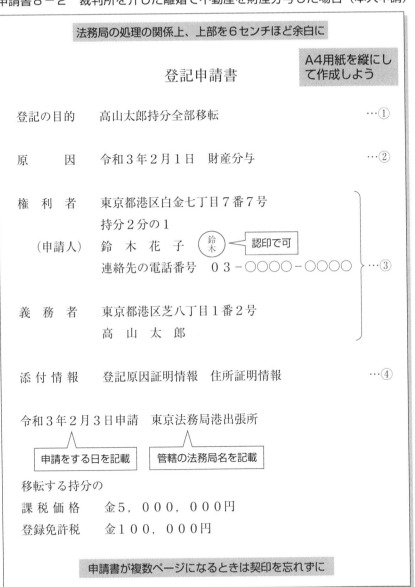

法務局の処理の関係上、上部を6センチほど余白に

登記申請書

A4用紙を縦にして作成しよう

登記の目的　　高山太郎持分全部移転　　　　　　　　　　…①

原　　　因　　令和3年2月1日　財産分与　　　　　　…②

権　利　者　　東京都港区白金七丁目7番7号
　　　　　　　持分2分の1
　（申請人）　鈴　木　花　子　　鈴木　　認印で可
　　　　　　　連絡先の電話番号　０３－○○○○－○○○○　…③

義　務　者　　東京都港区芝八丁目1番2号
　　　　　　　高　山　太　郎

添 付 情 報　　登記原因証明情報　住所証明情報　　　　…④

令和3年2月3日申請　東京法務局港出張所

申請をする日を記載　　　管轄の法務局名を記載

移転する持分の
課 税 価 格　　金5,000,000円
登録免許税　　金100,000円

申請書が複数ページになるときは契印を忘れずに

不動産の表示
　　所　　　在　　　港区芝八丁目１番地２
　　家屋番号　　　１番２
　　種　　　類　　　居宅
　　構　　　造　　　木造スレートぶき２階建
　　床　面　積　　　１階　５４．２３㎡
　　　　　　　　　　２階　５４．２３㎡

登記事項証明書を見ながら不動産を正確に記載　**P66**

　判決に基づいて財産分与を受ける者が単独で登記を申請する場合の登記申請書です。財産分与をする者と共同で申請をする場合（申請書８－１）と比較をしながら確認しましょう。申請書８－１　P179

①登記の目的

　持分を移転する場合は「〇〇**持分全部移転**」といったように移転する持分を特定して記載します。

②原因

　「**年月日　財産分与**」といったように、財産分与である旨と所有権移転の日付を記載します。裁判上の調停や和解により離婚及び財産分与を行う場合は、原則として調停・和解成立日が登記の原因日付となりますが、調停調書等をよく確認しましょう。

③申請人

　権利者が単独で申請しますので、「（**申請人**）」と記載したうえで、財産分与を受ける者の住所と氏名、**移転する持分**を記載し、捺印します。捺印は認印でも構いません。法務局からの連絡用として電話番号も記載しましょう。

　また、申請には関与しませんが、義務者として財産分与をする者の住所と氏名も記載する必要があります。

186

④添付情報

　判決による所有権移転登記の添付情報は、原則として登記原因証明情報、住所証明情報、代理権限証明情報です。固定資産評価証明書は、法律上の添付情報ではありませんが、課税価格及び登録免許税算出のため添付するのが実務上の取り扱いです。

　まず、**登記原因証明情報**として、**所有権移転登記を命ずる判決正本・調停調書・和解調書**を添付します。また、その判決・調停・和解が確定していることを証するため、**確定証明書（判決や調停が確定したことを証する書面。必要な場合は裁判所に申請します。）**の添付も求められます。

　なお、所有権移転登記を命ずる判決正本・調停調書・和解調書であれば、判決が確定した時点で登記申請の意思が擬制される（あるものとみなされる）ため、原則として**執行文の付与**は不要ですが、債務者の意思表示が債権者の証明すべき事実の到来に係るとき、債務者の意思表示が反対給付との引換えに係るとき、債務者の意思表示が債務の履行その他の債務者の証明すべき事実のないことに係るときは、裁判所書記官に執行文を付与してもらう必要があります。

　登記権利者（財産分与を受ける者）は、住所証明情報として、**住民票の写し（または戸籍の附票の写し）**を添付します。架空の人物による登記を防止するためです。住民票コードを記載した場合は添付する必要はありません。 参考 P83

　代理人によって登記を申請する場合は、代理権限証明情報として**委任状など**を添付します。 参考 P95

　また、法定の添付情報ではありませんが、課税価格及び登録免許税算定の根拠となる資料として、**最新年度の固定資産評価証明書（または課税明細のある固定資産税納税通知書）**を添付します。 参考 P89

　判決正本等や住民票の写し、固定資産評価証明書などは、原本還付の処理をすることで原本を還付してもらうことができます。 原本還付 P238

財産分与による所有権移転登記　**187**

財産分与にかかる**税金**

　不動産について財産分与が行われたときは、財産分与した者に譲渡所得の課税が行われることになります。

　財産分与を受けた者には、通常、贈与税がかかることはありません。財産分与は贈与とは違い、夫婦の財産関係の清算や離婚後の生活保障のための財産分与請求権に基づく給付と考えられるからです。

　ただし、財産分与される財産の価額が多すぎる場合はその多すぎる部分に、財産分与が相続税や贈与税を免れるために行われたと認められる場合は分与した財産すべてに、贈与税が課せられることがあります。

【共通でかかる税金の一例】

　印紙税（財産分与協議書など）、登録免許税（登記）

【不動産の財産分与をしたときにかかる税金の一例】

　譲渡所得に対する税金

【不動産の財産分与を受けたとき及び財産分与後にかかる税金の一例】

　固定資産税

　ちょっと発展　〈判決正本・調停調書・和解調書が使えない？〉

　判決正本等に基づいて単独で所有権移転登記をするためには、判決正本等で不動産に関する権利の表示、権利変動の事実及び内容が明らかにされていないといけません。それらの記載が不足あるいは不十分な場合は、判決を取得していても権利者が単独で登記を行うことができないということも考えられます。内容によっては正本・調書の修正等が可能な場合もありますが、判決等に基づいて単独で所有権移転登記を行おうとする場合は、その判決等の内容で登記ができるかという点にも注意が必要です。

不動産を相続したときの登記手続

不動産の所有者が死亡したら?
～相続による所有権移転登記～

　不動産を所有、あるいは共有している者が死亡した場合、原則としてその不動産を相続した者が相続による所有権移転登記を行うことになります。

　相続による所有権の登記は、法改正により、令和6年までに「義務化」が予定されています。

　相続による所有権移転登記には、遺産分割による相続登記や遺言に基づく相続登記、また、法定相続分に基づく相続登記などがあり、相続の方法によって登記手続が少しずつ異なります。

相続による所有権移転登記とは?

相続によって不動産の所有権を移転する登記です。
どのような手続なのか確認しましょう。

　不動産の所有者に相続が発生した場合、その不動産を相続した者は相続による所有権移転登記を行います。

　相続による所有権移転登記は、①遺産分割協議に基づく相続登記、②法定相続分に基づく相続登記、③遺言に基づく相続登記の3種類に大きく分類されます。

　いずれも、不動産を相続した者が登記を申請することになります。

相続による所有権移転登記の難易度を確認しましょう

　相続による所有権移転登記は、自分で登記をするのに適しているものといえます。ただし、他の登記に比べると準備には時間や手間がかかることが多いです。また、下記のようなケースでは難易度が上がります。

☑ **兄弟姉妹や祖父母名義の不動産である場合**

Why?　相続による所有権移転登記は、たくさんの戸籍関係書類を収集する必要があり、兄弟姉妹や祖父母名義の不動産の場合、それらの取得や読み取りの手間が増え、難しくなるため。

☑ **相続人全員が協力しない場合**

Why?　相続による所有権移転登記は、原則として相続人全員の協力が必要になり、1人でも協力をしない者がいると先に進めることができなくなってしまうため。

☑ **相続人に未成年者や認知症になった者がいる場合**

Why?　相続人に未成年者がいる場合は特別代理人の選任、認知症などで判断能力が衰えた者がいる場合は成年後見人等の選任が必要になる可能性が出てくるため。

相続による所有権移転登記の**流れを確認**しましょう

【遺産分割パターン】

| 相続人不動産の確定（遺言書の有無確認） | → | 遺産分割協議 | → | **第3章、本章**
必要書類の収集 | → | **本章**
申請書 相続関係説明図 遺産分割協議書の作成 | → | **第11章**
登記申請 | → | **第11章**
完了書類の受領 |

【法定相続パターン】

| 相続人不動産の確定（遺言書の有無確認） | → | **第3章、本章**
必要書類の収集 | → | **本章**
申請書 相続関係説明図の作成 | → | **第11章**
登記申請 | → | **第11章**
完了書類の受領 |

【遺言パターン】

| 相続人不動産の確定 | → | 遺言書の有無確認 | → | **第3章、本章**
必要書類の収集 家庭裁判所への手続※ | → | **本章**
申請書 相続関係説明図の作成 | → | **第11章**
登記申請 | → | **第11章**
完了書類の受領 |

※公正証書遺言と自筆証書遺言書保管制度で保管された遺言書は家庭裁判所での手続は不要です。

第9章

相続による所有権移転登記の**ポイント**を**確認**しましょう

こんなときに必要	不動産の所有者に相続が発生したとき
登記手続の当事者	不動産を相続して所有者となる者の単独申請
一般的な添付書類	登記原因証明情報（パターンによって異なります。） 住所証明情報（所有者となる者について） 代理権限証明情報（委任状など） 固定資産評価証明書（最新年度のもの）
登録免許税	課税価格　×　1,000分の4
完了書類	登記完了証 登記識別情報通知書 原本還付した書類 （戸籍謄本等、住民票の写し、公正証書遺言など）

登記事項証明書のココを**チェック**しましょう

【甲区から誰が所有者であるのかを確認する】

権利部（甲区）（所有権に関する事項）			
順位番号	登記の目的	受付年月日・受付番号	権利者その他の事項
3	所有権移転	平成１４年１０月１日 第２３４５６号	原因　平成１４年１０月１日売買 所有者　横浜市中区桜木町四丁目 　　　２番３号 　　　佐　藤　太　郎
4	所有権移転	平成１８年２月３日 第１９８７号	原因　平成１７年１２月８日相続 所有者　横浜市中区桜木町四丁目 　　　２番３号 　　　佐　藤　一　郎

　甲区全体を確認してみましょう。順位番号の順に所有権が移転する経緯を確認し、今現在、登記簿上の所有者が誰であるのか確認します。相続によって所有権を移転する場合、ここに記載されている亡くなられた方の名義（所有権）を相続人に変更（移転）することになります。

192

【所有権移転登記が完了した後の登記事項証明書】

権利部（甲区）（所有権に関する事項）			
順位番号	登記の目的	受付年月日・受付番号	権利者その他の事項
3	所有権移転	平成14年10月1日 第23456号	原因　平成14年10月1日売買 所有者　横浜市中区桜木町四丁目 　　　　2番3号 　　　　佐　藤　太　郎
4	所有権移転	平成18年2月3日 第1987号	原因　平成17年12月8日相続 所有者　横浜市中区桜木町四丁目 　　　　2番3号 　　　　佐　藤　一　郎
5	所有権移転	令和3年2月9日 第300号 正しく登記されているか確認しましょう	原因　令和3年1月9日相続 所有者　横浜市中区桜木町四丁目 　　　　2番3号 　　　　佐　藤　花　子

第9章

　相続による所有権移転登記が完了すると甲区の末尾に所有権移転登記による登記事項が記載されます。これにより、この不動産の所有権が不動産を相続した者に移転したことが確認できます。

ちょっと確認 〈相続ミニ用語集〉

用　語	意　味
被相続人	亡くなられた方のこと。
直系尊属	父母や祖父母など、自分より上の世代の直系血族。
直系卑属	子や孫など、自分より下の世代の直系血族。
嫡出子	法律上の婚姻関係にある男女間の子。
非嫡出子	法律上の婚姻関係にない男女間の子。

2 相続に関する基礎知識を確認しよう

相続による所有権移転登記を行うためには、相続に関する基礎知識を確認しておく必要があります。

相続人と法定相続分

まずは、法律上相続人となる者と法定相続分を確認しましょう。

【法定相続及び法定相続分の原則的な考え方】

第1順位	配偶者　2分の1	子　　　　2分の1
第2順位	配偶者　3分の2	直系尊属　3分の1
第3順位	配偶者　4分の3	兄弟姉妹　4分の1

①配偶者は常に相続人となります。どの順位の者が配偶者とともに相続をするかによって、配偶者の**法定相続分**が変わります。なお、子も直系尊属も兄弟姉妹もいない場合は配偶者のみが相続人となります。

②配偶者以外の相続人は優先順位があり、先の順位の者が1人でもいる場合、後の順位の者は相続人にはなりません。

③子や直系尊属、兄弟姉妹がそれぞれ2人以上いる場合は、それぞれ等分します。

【養子や前妻（前夫）・前妻（前夫）の子などの相続分】

前妻・前夫は、婚姻関係が解消されていますので、相続人ではありませんが、**前妻・前夫との間の子**は、子であることに変わりはありませんので、子としての法定相続分があります。

また、**胎児**は既に生まれたものとみなし、子としての法定相続分を有します（死亡して産まれた場合は適用されません）。

養子は、嫡出子と同じ割合の法定相続分があります。

養親は、実親と同じ割合の法定相続分があります。

194

兄弟相続の際、**父母の一方が違う兄弟姉妹（半血兄弟姉妹）**の法定相続分は、父母が両方同じ兄弟姉妹の法定相続分の2分の1となります。

遺産分割とは

相続人全員が合意をすることによって、法定相続分以外の割合で相続財産を承継することができます（**遺産分割協議**）。相続人全員による協議を証するため、遺産分割協議書を作成します。遺産分割協議書には相続人全員が実印を押印し、印鑑証明書を添付するのが原則です。P200

なお、協議がまとまらない場合は、調停や訴訟に移行します。

遺言とは

遺言とは、被相続人の最終の意思を表示した書面のことです。**自筆証書遺言や公正証書遺言、秘密証書遺言など**、それぞれ法律的な要件を満たしていなければ法的な効力は認められません。

公正証書遺言、自筆証書遺言書保管制度を利用した遺言以外の遺言の方式の場合は、相続開始後、相続人等が検認という手続を家庭裁判所に申し立てる必要があります。公正証書遺言、自筆証書遺言書保管制度を利用した遺言以外の遺言による所有権移転登記の際には、**検認手続がなされた遺言**を添付する必要があります。

相続放棄とは

相続人は、自己のために相続の開始があったことを知った時から3か月以内に家庭裁判所に**相続放棄**の申述ができます。相続放棄が認められると、その者は相続人にならなかったものとみなされます。借金も相続財産になりますので、借金がプラスの相続財産を大きく上回るような場合には有効な手続です。

3 相続による所有権移転登記の申請準備をしよう

相続による所有権移転登記の申請に向けて、具体的な準備の内容を確認していきましょう。

必要な書類を取得・準備しましょう

相続による所有権移転登記を行う場合、どのパターンも共通して**登記原因証明情報、住所証明情報（住民票の写しなど）、固定資産評価証明書**を用意する必要があります。

遺産分割による場合、法定相続による場合、遺言による場合でそれぞれ登記原因証明情報の内容が少しずつ異なります。

どのパターンも共通して戸籍謄本等が登記原因証明情報の一部となりますので、戸籍謄本等を過不足なく集めるという作業が相続による所有権移転登記における重要なポイントの1つといえます。

戸籍謄本等を取得する意味

登記原因証明情報の一部として戸籍謄本等を取得しますが、戸籍謄本等は、①被相続人が死亡したこと、②相続人が間違いなく相続人であること、③他に相続人が存在しないこと、④相続人が生きていることを証明するために必要とされています。

例として、夫が亡くなり妻と長男が相続人となる場合で考えてみます。

①については、被相続人である夫が死亡したことが確認できるいちばん新しい戸籍謄本（除籍謄本）を取得することで確認できます。

しかし、戸籍は通常、生きている間に複数回つくり直されていますので、②と③についてはいちばん新しい戸籍謄本（除籍謄本）だけでは確認ができません。したがって、過去の除籍謄本・改製原戸籍謄本を順番にさかのぼっていき、相続人との相続関係と他に相続人が存在しないこと（例：先妻との間に子がいないこと）を特定していきます。

196

どこまでさかのぼる必要があるかは相続関係にもよりますが、兄弟姉妹が相続するケースになると、被相続人の父母についても出生までさかのぼらないといけなくなってしまいます。これは、他に兄弟姉妹がいないことを確認する必要があるためです。

また、長男が既に結婚している場合、長男については別の戸籍が編製されています。相続人である長男が生きていることを証明するために、長男の戸籍謄本も必要になります。このようにさかのぼって戸籍謄本を取得することで相続人や相続関係を特定していくのです。

遺言が存在する場合は、基本的に遺言によって③を証明することができますので、取得する戸籍謄本等が少なく済みます。

戸籍謄本等を何枚も取得する理由

前ページで「戸籍は通常、生きている間に複数回つくり直されている」と説明しました。ここで、どのような場面で戸籍が新たにつくられるのか見てみましょう。

①改製

改製とは、戸籍に関する法律の改正に伴って、戸籍の形式自体が新しくつくり直されることです。

日本の戸籍制度は、明治5年に作られた壬申戸籍から、明治19年、明治31年、大正4年、昭和23年、平成6年と、これまでに何度も改正されてきています。法律の改正によって戸籍の形式が変更されて新しい戸籍がつくられます。このとき、従前の戸籍は「改製原戸籍」になります。

②転籍

転籍とは、本籍を別の場所に移すことをいいます。

現在の戸籍の場合、別の市区町村に本籍を移すと、新たにその市区町村で戸籍がつくられることになります。そして、転籍前の戸籍は「除籍」となります。

③結婚・離婚など

　本籍を別の市区町村に移す場合だけでなく、例えば今まで両親の戸籍に入っていた子が結婚をしたときなども、新しく戸籍がつくられることになります。そして夫（または妻）とともにその新しい戸籍に移ることになります。また、離婚の際も新たに戸籍がつくられることがあります。

　このような原因で新たに戸籍がつくられると、同じ人物の戸籍がその前後で2つ存在することになります。

　新しい戸籍がつくられる際に、前の戸籍の情報がすべて反映されるわけではありません。例えば、前の戸籍の段階で既に死亡や結婚などで除籍された者については、新しい戸籍には基本的に情報が載せられません。

　ということは、現在の戸籍謄本（全部事項証明書）だけを確認しても、その者の相続関係（相続人が他にいないかどうか）を特定するには不十分ということになります。

　したがって、戸籍をさかのぼって取得する必要があるのです。戸籍を確認する際には、**その戸籍にいつからいつまでの情報が載っているのか、**という点をチェックすることが重要です。

戸籍謄本等のかしこい請求の方法

　戸籍謄本等を取得する場合は、市区町村役場の窓口で相続の登記に必要な旨を伝えて、「この役所で取得できるすべての戸籍を下さい」と請求しましょう。また、出てきた書類から、次にどこの戸籍を請求すればいいのかを教えてもらえるようお願いするといいでしょう。

戸籍謄本等の基本的な読み方

　亡くなった登記名義人の戸籍は順番にさかのぼって取得していくことになります。戸籍謄本等の基本的な読み方を覚えておくと便利です。

■改製原戸籍謄本サンプル

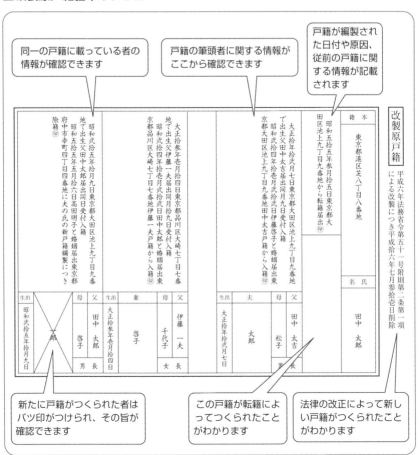

同一の戸籍に載っている者の情報が確認できます

戸籍の筆頭者に関する情報がここから確認できます

戸籍が編製された日付や原因、従前の戸籍に関する情報が記載されます

新たに戸籍がつくられた者はバツ印がつけられ、その旨が確認できます

この戸籍が転籍によってつくられたことがわかります

法律の改正によって新しい戸籍がつくられたことがわかります

相続による所有権移転登記の**必要書類を作成**しましょう

　相続による所有権移転登記に共通して必要な書類は、**登記申請書**のみです。遺産分割による所有権移転登記の場合には**遺産分割協議書**の作成が必要になります。また、戸籍謄本等を原本還付してもらうためには、**相続関係説明図**の作成・添付が必要になります。

申請書9−1　遺産分割による相続の場合（本人申請）

法務局の処理の関係上、上部を6センチほど余白に

登記申請書

A4用紙を縦にして作成しよう

登記の目的　　所有権移転　　　　　　　　　　　　　　…①

原　　　因　　令和3年1月9日相続　　　　　　　　　…②

相　続　人　　（被相続人　佐藤一郎）
　　　　　　　横浜市中区桜木町四丁目2番3号

　　　　　　　佐藤花子　　　（花子）　　　　　　　　…③

　　　　　　　連絡先の電話番号　090−○○○○−○○○○

添 付 情 報　　登記原因証明情報　住所証明情報　　　　…④

令和3年2月9日申請　横浜地方法務局　　　　　　　　…⑤

課 税 価 格　　金2000万円
　　　　　　　　　　　　　　　　　　　　　　　　　　…⑥
登録免許税　　金8万円

不動産の表示　　　　　　　　　　　　　　　　　　　　…⑦
　　所　　在　　横浜市中区桜木町四丁目
　　地　　番　　123番4
　　地　　目　　宅地
　　地　　積　　88.88㎡　この価格金1500万円

　　所　　在　　横浜市中区桜木町四丁目123番地4
　　家屋番号　　123番4
　　種　　類　　居宅
　　構　　造　　木造かわらぶき平家建
　　床 面 積　　44.44㎡　この価格金500万円

200

父佐藤一郎、母花子、長男太郎、長女花江の４人家族で父一郎が令和３年１月９日に死亡。遺産分割協議により花子が単独で相続することが確定したときの登記です。

①登記の目的

「所有権移転」と記載します。被相続人の共有持分を移転する場合は、「○○持分全部移転」と記載します。

②原因

「年月日 相続」と記載します。日付は、相続開始日を記載します。遺産分割協議成立日ではなく、被相続人の死亡日を記載します。

③相続人

相続人の単独申請となります。被相続人の氏名を記載したうえで、相続人の住所、氏名、法務局からの連絡用の電話番号を記載し捺印します。捺印は認印でも構いません。

④添付情報

相続による所有権移転登記の添付情報は、原則として登記原因証明情報、住所証明情報です。固定資産評価証明書は、法律上の添付情報ではありませんが、課税価格及び登録免許税算出のため添付するのが実務上の取り扱いです。

まず、登記原因証明情報として、遺産分割による所有権移転を証する情報を添付します。下記の書類が該当します。

ⓐ被相続人（一郎）の死亡の記載のある戸籍（除籍）謄本

ⓑ被相続人（一郎）の出生までさかのぼる除籍・改製原戸籍謄本など

ⓒ相続人全員（花子・太郎・花江）の戸籍謄本（抄本）

ⓓ被相続人（一郎）の住民票（除票）の写し 参考 P 207

ⓔ遺産分割協議書（印鑑証明書付）

相続関係説明図を添付することで上記ⓐ〜ⓒの戸籍謄本等を還付する

ことができます。相続関係説明図も登記原因証明情報の一部として添付するのが一般的です。 法定相続情報証明制度 P 209

　相続人は、住所証明情報として**住民票の写し（または戸籍の附票の写し）**を添付します。架空の人物による登記を防止するためです。住民票コードを記載した場合は添付する必要はありません。 参考 P 83

　また、法定の添付情報ではありませんが、課税価格及び登録免許税算定の根拠となる資料として、**最新年度の固定資産評価証明書（または課税明細のある固定資産税納税通知書）**を添付します。 参考 P 89

⑤申請日と管轄　 P 80

　登記を申請する日付と管轄法務局を記載します。

　窓口に持参して登記申請をする場合は、申請日を記載しましょう。

　郵送で申請する場合、申請日は法務局に届く日を記載するのが原則ですが、空欄のままでも問題はないようです。

　管轄は、登記をする不動産によって決まっています。不動産が複数存在していて、それぞれ管轄する法務局が異なる場合は、管轄ごとに登記を申請する必要があります。間違えないようにしましょう。

⑥課税価格・登録免許税　 P 90

【相続による所有権移転登記の登録免許税（土地・建物共通）】

課税価格 　×　 0.4%（1,000分の4）

　固定資産評価証明書に記載された固定資産の価格のうち1,000円未満を切り捨てた金額が**課税価格**です。固定資産の価格が1,000円に満たないときは、課税価格は1,000円になります。

　また、登録免許税は100円未満の金額を切り捨てます。算出した金額が1,000円に満たないときは、登録免許税は1,000円になります。

⑦不動産の表示　 P 66

　登記事項証明書を確認しながら、不動産の表示を正確に記載します。

申請書９－１　遺産分割協議書サンプル

遺産分割協議書

| 亡くなった日 | 最後の住所地と氏名 | 最後の本籍地 |

　令和３年１月９日、横浜市中区桜木町四丁目２番３号　佐藤一郎（最後の本籍　横浜市中区桜木町四丁目１２３番地）の死亡によって開始した相続の共同相続人である佐藤花子、佐藤太郎及び佐藤花江は、本日、その相続財産について、次の通り遺産分割の協議を行った。

１．次の各号の不動産は、佐藤花子がすべて単独で取得する。

　（１）所　　在　　横浜市中区桜木町四丁目
　　　　地　　番　　１２３番４
　　　　地　　目　　宅地
　　　　地　　積　　８８．８８㎡

> 登記事項証明書を見ながら不動産を記載
> P66

　（２）所　　在　　横浜市中区桜木町四丁目１２３番地４
　　　　地　　番　　１２３番４
　　　　種　　類　　居宅
　　　　構　　造　　木造かわらぶき平家建
　　　　床 面 積　　４４．４４㎡

　本遺産分割協議の成立を証するため、本協議書３通を作成し、各自１通を保有する。

令和３年１月３１日

　住所　　横浜市中区桜木町四丁目２番３号
　氏名　　佐藤花子　（花子）
　住所　　横浜市中区桜木町四丁目２番３号
　氏名　　佐藤太郎　（太郎）
　住所　　横浜市中区桜木町四丁目２番３号
　氏名　　佐藤花江　（花江）

> 花子・太郎・花江が署名し、それぞれ実印を捺印

第9章

申請書9-1　相続関係説明図サンプル

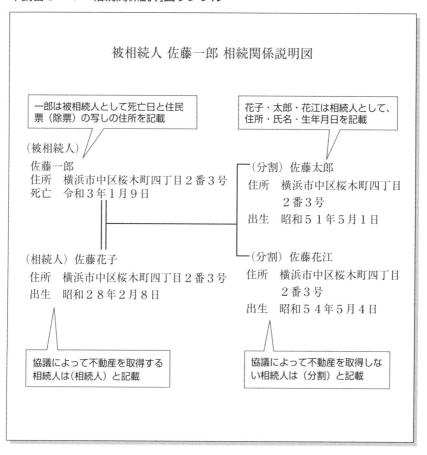

　相続関係説明図を添付することで、登記完了時に戸籍謄本（抄本）、除籍謄本、改製原戸籍謄本の原本を還付してもらえます。遺産分割協議書、印鑑証明書、住民票（除票）の写し、戸籍の附票の写し、固定資産評価証明書などを返してもらいたいときは、別途コピーを用意し、原本還付の処理をしましょう。　**原本還付 P 238**　　**法定相続情報証明制度 P 209**

204

申請書９−２　法定相続による相続の場合（本人申請）　　**A4用紙を縦にして作成しよう**

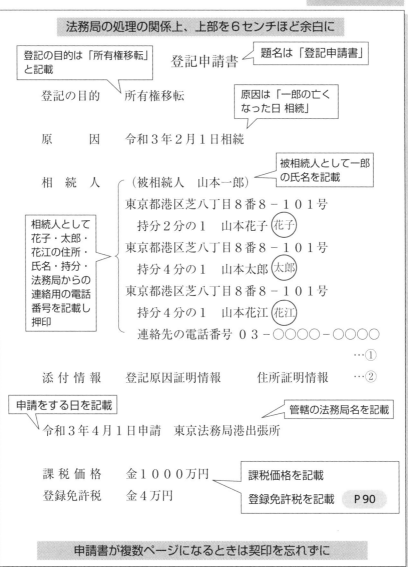

法務局の処理の関係上、上部を６センチほど余白に

登記の目的は「所有権移転」と記載

登記申請書　　題名は「登記申請書」

　　　登記の目的　　　所有権移転

原因は「一郎の亡くなった日 相続」

　　　原　　　因　　　令和３年２月１日相続

被相続人として一郎の氏名を記載

　　　相　続　人　　　（被相続人　山本一郎）

　　　　　　　　　　　東京都港区芝八丁目８番８−１０１号
　　　　　　　　　　　　持分２分の１　山本花子 ⑳花子
相続人として花子・太郎・花江の住所・氏名・持分・法務局からの連絡用の電話番号を記載し押印
　　　　　　　　　　　東京都港区芝八丁目８番８−１０１号
　　　　　　　　　　　　持分４分の１　山本太郎 ⑳太郎
　　　　　　　　　　　東京都港区芝八丁目８番８−１０１号
　　　　　　　　　　　　持分４分の１　山本花江 ⑳花江
　　　　　　　　　　　連絡先の電話番号　０３−○○○○−○○○○
　　　　　　　　　　　　　　　　　　　　　　　　…①

　　　添　付　情　報　　　登記原因証明情報　　　住所証明情報　　…②

申請をする日を記載

管轄の法務局名を記載

　　　令和３年４月１日申請　東京法務局港出張所

　　　課　税　価　格　　　金１０００万円　　　課税価格を記載
　　　登録免許税　　　　金４万円　　　登録免許税を記載　**P90**

申請書が複数ページになるときは契印を忘れずに

不動産の表示

  一棟の建物の表示

    所   在   港区芝八丁目８番地８

    建物の名称   芝マンション

  専有部分の建物の表示

    家 屋 番 号   芝八丁目 ８番８の１０１

    建物の名称   １０１

    種   類   居宅

    構   造   鉄筋コンクリート造１階建

    床 面 積   １階部分 ８８．８８平方メートル

  敷地権の表示

    土地の符号   １

    所在及び地番   港区芝八丁目８番８

    地   目   宅地

    地   積   ８８８．８８平方メートル

    敷地権の種類   所有権

    敷地権の割合   １００００分の１００

登記事項証明書を見ながら不動産を正確に記載 P66

　父山本一郎、母花子、長男太郎、長女花江の４人家族で、父一郎が令和３年２月１日に死亡し、法定相続分の通りに相続する場合の登記です。

①相続人

　被相続人の氏名を記載したうえで、相続人の住所・氏名、持分、法務局からの連絡用の電話番号を記載し捺印します。相続人の単独申請となります。捺印は認印でも構いません。

②添付情報

　相続による所有権移転登記の添付情報は、原則として登記原因証明情

報、住所証明情報です。固定資産評価証明書は、法律上の添付情報では
ありませんが、課税価格及び登録免許税算出のため添付するのが実務上
の取り扱いです。

　まず、**登記原因証明情報**として、遺産分割による所有権移転を証する
情報を添付します。下記の書類が該当します。

　ⓐ被相続人（一郎）の死亡の記載のある戸籍（除籍）謄本
　ⓑ被相続人（一郎）の出生までさかのぼる除籍・改製原戸籍謄本など
　ⓒ相続人全員（花子・太郎・花江）の戸籍謄本（抄本）
　ⓓ被相続人（一郎）の住民票（除票）の写し

　相続関係説明図を添付することで上記ⓐ～ⓒの戸籍謄本等を還付する
ことができます。相続関係説明図も登記原因証明情報の一部として添付
するのが一般的です。

　相続人は、住所証明情報として**住民票の写し（または戸籍の附票の写
し）**を添付します。架空の人物による登記を防止するためです。住民票
コードを記載した場合は添付する必要はありません。　参考 P83

　また、法定の添付情報ではありませんが、課税価格及び登録免許税算
定の根拠となる資料として、**最新年度の固定資産評価証明書（または課
税明細のある固定資産税納税通知書）**を添付します。　参考 P89

ちょっと確認　〈被相続人の住民票（除票）の写しについて〉

　被相続人に関する書類として戸籍謄本等の他に住民票（除票）の写し
を添付する必要があります。戸籍謄本等には住所が記載されていません
ので、戸籍謄本等に記載されている人物と登記簿上の人物が同一人物で
あるかどうかが確認ができません。本籍が入った住民票（除票）の写し
もしくは戸籍（除籍）の附票の写しを取得し、住所・氏名が登記簿上の
人物と一致することをもってつながりを証明することができるのです。

申請書９−２　相続関係説明図サンプル

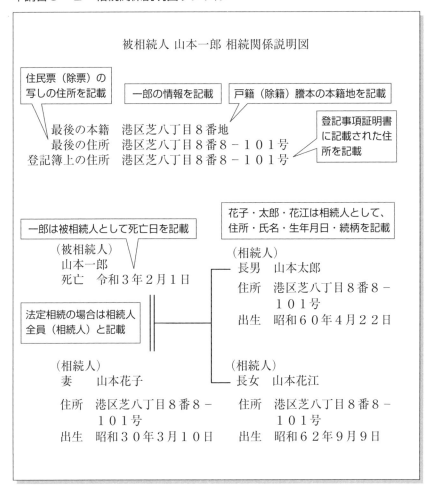

被相続人 山本一郎 相続関係説明図

住民票（除票）の
写しの住所を記載

一郎の情報を記載

戸籍（除籍）謄本の本籍地を記載

登記事項証明書
に記載された住
所を記載

最後の本籍　港区芝八丁目８番地
最後の住所　港区芝八丁目８番８−１０１号
登記簿上の住所　港区芝八丁目８番８−１０１号

一郎は被相続人として死亡日を記載

花子・太郎・花江は相続人として、
住所・氏名・生年月日・続柄を記載

（被相続人）
山本一郎
死亡　令和３年２月１日

（相続人）
長男　山本太郎
住所　港区芝八丁目８番８−
　　　１０１号
出生　昭和６０年４月２２日

法定相続の場合は相続人
全員（相続人）と記載

（相続人）
妻　　山本花子
住所　港区芝八丁目８番８−
　　　１０１号
出生　昭和３０年３月１０日

（相続人）
長女　山本花江
住所　港区芝八丁目８番８−
　　　１０１号
出生　昭和６２年９月９日

　相続関係説明図を添付することで、登記完了時に戸籍謄本（抄本）、
除籍謄本、改製原戸籍謄本の原本を還付してもらえます。住民票（除票）
の写し、戸籍の附票の写し、固定資産評価証明書などを返してもらいた
いときは、別途原本還付の処理をしましょう。　原本還付 P238

ちょっと確認 〈法定相続情報証明制度〉

　相続による所有権移転登記の際、相続関係説明図を添付すれば、登記完了時に戸籍謄本等の原本を還付してもらえます。ただし、相続にともなう手続は不動産だけではなく、預貯金や有価証券など、多岐にわたります。いくつか手続を行う先がある場合は、戸籍謄本等が還付されるのを待つより、法務局の**法定相続情報証明制度**を利用すると便利です。

　法定相続情報証明制度とは、相続人が法務局に、被相続人の戸籍等の必要書類とともに、戸籍の記載に基づいて作成した法定相続情報一覧図を提出すると、登記官がその内容を確認して**認証文つきの法定相続情報一覧図の写し**を交付する制度です。保存期間は5年間で、何通でも無料で写しを交付してもらうことができます。

　この制度による認証文つきの法定相続情報一覧図の写しは、相続による所有権移転登記の申請手続だけでなく、金融機関での被相続人名義の預貯金の払戻し、相続税申告などにも利用することができるので、取得しておくと便利です。

【法定相続情報一覧図の写しの取得方法】

申出できる人	被相続人の相続人・資格者代理人（弁護士、司法書士、土地家屋調査士、税理士、社会保険労務士、弁理士、海事代理士及び行政書士）・委任を受けた親族
申出できる法務局 （いずれか）	①被相続人の本籍地 ②被相続人の最後の住所地 ③申出人の住所地 ④被相続人名義の不動産の所在地
申出に必要な費用	無料（戸籍謄本等の取得にかかる費用は除く）
必要なもの （他の書類が必要になる場合あり）	申出書（法務局の窓口か、法務局のウェブサイトからダウンロードして入手します）、法定相続情報一覧図 相続関係を証する戸籍関係の書類一式 被相続人の住民票の除票、申出人の本人確認書類 郵送で申出を行う場合は返信用封筒　など

■法定相続情報証明申出書の書き方

法定相続情報一覧図の保管及び交付の申出書

（補正年月日 令和 　年 　月 　日）

申出年月日	令和 3 年 2 月 ○○ 日	法定相続情報番号	－ 　－
被相続人の表示	氏　名　佐藤　一郎 最後の住所　横浜市中区桜木町四丁目2番3号 生年月日　昭和25年12月10日 死亡年月日　令和3年1月1日		
申出人の表示	住所　　横浜市中区桜木町四丁目2番3号 氏名　佐藤　花子　㊞ 連絡先　　　－　　　－　　　　045－○○○○－○○○○ 被相続人との続柄　（　　妻　　）		
代理人の表示	住所（事務所） 氏名　　　　　　　　㊞ 連絡先　　　－　　　－ 申出人との関係　□法定代理人　□委任による代理人		
利用目的	☑不動産登記　☑預貯金の払戻し　☑相続税の申告 □その他（　　　　　　　　　　　　　　　　　　）		
必要な写しの通数・交付方法	4 通（□窓口で受取　☑郵送） ※郵送の場合、送付先は申出人（又は代理人）の表示欄にある住所（事務所）となる。		
被相続人名義の不動産の有無	☑有　（有の場合、不動産所在事項又は不動産番号を以下に記載する。） □無　｜横浜市中区桜木町四丁目123番4		
申出先登記所の種別	☑被相続人の本籍地　□被相続人の最後の住所地 □申出人の住所地　　□被相続人名義の不動産の所在地		

　上記被相続人の法定相続情報一覧図を別添のとおり提出し、上記通数の一覧図の写しの交付を申出します。交付を受けた一覧図の写しについては、相続手続においてのみ使用し、その他の用途には使用しません。
　申出の日から3か月以内に一覧図の写し及び返却書類を受け取らない場合は、廃棄して差し支えありません。
　　横浜（地方）法務局　　　　支局・出張所　　　　　　宛

※受領確認書類(不動産登記規則第247条第6項の規定により返却する書類に限る。)
戸籍（個人）全部事項証明書（7通）、除籍事項証明書（1通）、戸籍謄本（　　通）
除籍謄本（　　通）、改製原戸籍謄本（　　通）戸籍の附票の写し（　　通）
戸籍の附票の除票の写し（　　通）住民票の写し（4通）、住民票の除票の写し（1通）

■法定相続情報一覧図の作り方

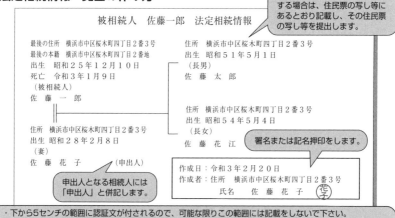

被相続人　佐藤一郎　法定相続情報

相続人の住所は任意です。記載する場合は、住民票の写し等にあるとおり記載し、その住民票の写し等を提出します。

最後の住所　横浜市中区桜木町四丁目2番3号
最後の本籍　横浜市中区桜木町四丁目2番地
出生　昭和25年12月10日
死亡　令和3年1月9日
（被相続人）
佐藤　一郎

住所　横浜市中区桜木町四丁目2番3号
出生　昭和28年2月8日
（妻）
佐藤　花子　　　（申出人）

住所　横浜市中区桜木町四丁目2番3号
出生　昭和51年5月1日
（長男）
佐藤　太郎

住所　横浜市中区桜木町四丁目2番3号
出生　昭和54年5月4日
（長女）
佐藤　花江

署名または記名押印をします。

作成日：令和3年2月20日
作成者：住所　横浜市中区桜木町四丁目2番3号
　　　　氏名　佐藤　花子　㊞

申出人となる相続人には「申出人」と併記します。

・下から5センチの範囲に認証文が付されるので、可能な限りこの範囲には記載をしないで下さい。
・上のような関係図の形にせず、被相続人・相続人を列挙する形式でもOKです。
・手書きでも、明瞭に判読できるものならば可とされます。
・A4判の丈夫な白い用紙を縦長に置いて作成します。

申請書９−３　遺言による相続の場合（本人申請）　**A4用紙を縦にして作成しよう**

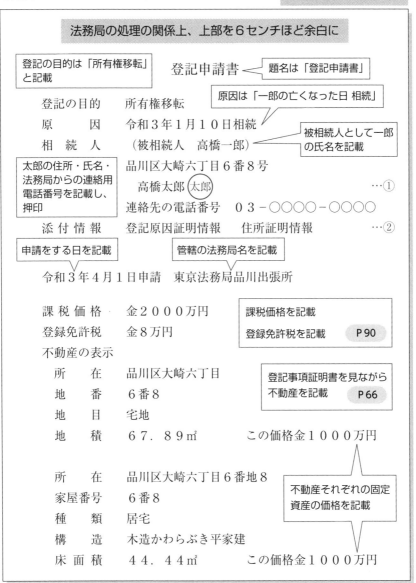

法務局の処理の関係上、上部を６センチほど余白に

登記の目的は「所有権移転」
と記載

登記申請書 ← 題名は「登記申請書」

原因は「一郎の亡くなった日 相続」

登記の目的　　　所有権移転
原　　因　　　令和３年１月１０日相続
相　続　人　　　（被相続人　高橋一郎）

被相続人として一郎
の氏名を記載

太郎の住所・氏名・
法務局からの連絡用
電話番号を記載し、
押印

品川区大崎六丁目６番８号
　高橋太郎 ⓣ太郎　　　　　　　　　　　　　…①
連絡先の電話番号　０３−○○○○−○○○○

添 付 情 報　　　登記原因証明情報　　住所証明情報　　…②

申請をする日を記載

管轄の法務局名を記載

令和３年４月１日申請　東京法務局品川出張所

課 税 価 格　　金２０００万円
登録免許税　　金８万円
不動産の表示

課税価格を記載
登録免許税を記載　P90

所　　在　　品川区大崎六丁目
地　　番　　６番８
地　　目　　宅地
地　　積　　６７．８９㎡　　この価格金１０００万円

登記事項証明書を見ながら
不動産を記載　P66

所　　在　　品川区大崎六丁目６番地８
家屋番号　　６番８
種　　類　　居宅
構　　造　　木造かわらぶき平家建
床 面 積　　４４．４４㎡　　この価格金１０００万円

不動産それぞれの固定
資産の価格を記載

父高橋一郎、母花子、長男太郎、長女花江の4人家族で、父一郎が令和3年1月10日に死亡したところ、一郎が「すべての不動産を太郎に相続させる」旨の公正証書遺言を残していたときの登記です。

　相続人の一部もしくは全員に対して「相続させる」旨の遺言が残されているときは、遺言に基づいて相続登記をすることができます。

　相続人以外の者に「相続させる」旨または「遺贈する」旨の遺言が残されている場合は、相続登記ではなく、「遺贈による所有権移転登記」を申請する必要があり、手続が大きく異なります。

①相続人

　遺言によって指定された相続人の単独申請となります。被相続人の氏名を「（被相続人○○）」とカッコ書きで記載したうえで、相続人の住所・氏名、法務局からの連絡用の電話番号を記載し捺印します。捺印は認印でも構いません。

②添付情報

　相続による所有権移転登記の添付情報は、原則として登記原因証明情報、住所証明情報です。固定資産評価証明書は、法律上の添付情報ではありませんが、課税価格及び登録免許税算出のため添付するのが実務上の取り扱いです。

　まず、**登記原因証明情報**として、遺言による所有権移転を証する情報を添付します。下記の書類が該当します。

　ⓐ被相続人（一郎）の死亡の記載のある戸籍（除籍）謄本

　ⓑ不動産を取得する相続人（太郎）の戸籍謄本（抄本）

　ⓒ被相続人（一郎）の住民票（除票）の写し

　ⓓ公正証書遺言

　相続関係説明図を添付することで上記ⓐ、ⓑの戸籍謄本等を還付することができます。相続関係説明図も登記原因証明情報の一部として添付

するのが一般的です。　法定相続情報証明制度 P 209

　相続人は、住所証明情報として**住民票の写し（または戸籍の附票の写し）**を添付します。架空の人物による登記を防止するためです。住民票コードを記載した場合は添付する必要はありません。　参考 P 83

　代理人によって登記を申請する場合は、代理権限証明情報として**委任状**などを添付します。　参考 P 95

　また、法定の添付情報ではありませんが、課税価格及び登録免許税算定の根拠となる資料として、**最新年度の固定資産評価証明書（または課税明細のある固定資産税納税通知書）**を添付します。　参考 P 89

検認の手続き

　公正証書遺言、自筆証書遺言書保管制度を利用した遺言以外の遺言は、事前に家庭裁判所に検認の申立を行い、検認済証明書が付された遺言書を登記原因証明情報の一部として添付します。検認の申立は、亡くなった方の最後の住所地を管轄する家庭裁判所に行います。具体的な手続は裁判所のホームページを参照するか、管轄の裁判所に確認しましょう。

遺言がある場合の**相続関係説明図**

　遺言による相続登記の場合も、他のパターンと同様、相続関係説明図を添付することで、戸籍謄本（抄本）・除籍謄本・改製原戸籍謄本を還付してもらうことができます。遺言による相続登記の場合は、原則として被相続人の戸籍（除籍）謄本と不動産を取得する者が相続人だとわかる戸籍謄本の添付で足りるため、相続関係説明図には被相続人と不動産を取得する相続人のみの記載があればよいということになります。

　しかし、法務局によっては他のパターンと同様に、他の相続人についての記載も求められることがあります。念のため事前に法務局に確認されることをおすすめします。

申請書９－３　相続関係説明図サンプル

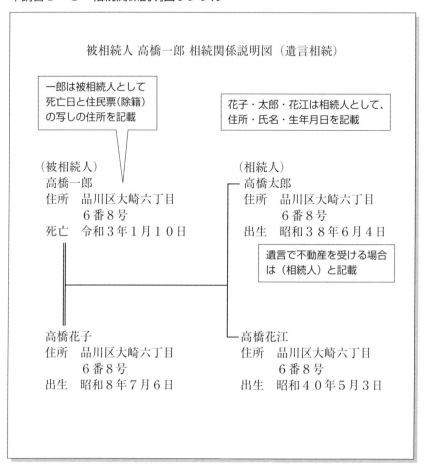

被相続人 高橋一郎 相続関係説明図（遺言相続）

一郎は被相続人として
死亡日と住民票（除籍）
の写しの住所を記載

花子・太郎・花江は相続人として、
住所・氏名・生年月日を記載

（被相続人）
高橋一郎
住所　品川区大崎六丁目
　　　　６番８号
死亡　令和３年１月１０日

（相続人）
高橋太郎
　住所　品川区大崎六丁目
　　　　　６番８号
　出生　昭和３８年６月４日

遺言で不動産を受ける場合
は（相続人）と記載

高橋花子
住所　品川区大崎六丁目
　　　　６番８号
出生　昭和８年７月６日

高橋花江
　住所　品川区大崎六丁目
　　　　　６番８号
　出生　昭和４０年５月３日

　相続関係説明図を添付することで、登記完了時に戸籍謄本（抄本）、除籍謄本、改製原戸籍謄本の原本を還付してもらえます。公正証書遺言、住民票（除票）の写し、戸籍の附票の写し、固定資産評価証明書などを返してもらいたいときは、別途原本還付の処理をしましょう。

原本還付　P 238　　　法定相続情報証明制度 P 209

第**10**章

建物を取り壊したら? 新築したら?
～滅失登記・建物表題登記・所有権保存登記～

　建物を取り壊したときは、建物の滅失登記が必要です。

　また、建物を新築した場合には、2段階の登記が必要になります。

　建物の種類や構造、床面積などを表示する「建物表題登記」と、その建物の所有権・所有者を登記する「所有権保存登記」です。建物表題登記が完了してからでないと、所有権保存登記をすることはできません。

　それぞれの登記の方法を確認しましょう。

建物滅失登記について確認しよう

建物滅失登記はどのように行うのでしょうか。建物滅失登記を自分で
行うことはできるのでしょうか。

建物滅失登記とは

　登記されている建物を取り壊したら、その旨の登記（滅失登記）を行
う必要があります。建物滅失登記は表題部に関する登記の一種です。既
に建物が存在していないにもかかわらず登記簿が残ってしまっていると
きも滅失の登記が必要です。滅失登記がなされると、その建物に関する
登記簿が閉鎖されます。　**表題部 P31**

　なお、滅失登記を行う建物に抵当権などの担保権が付いている場合は
事前に担保権の抹消登記をするか、取り壊し前に担保権者に連絡をして
指示に従うようにしましょう。

建物滅失登記申請書のサンプル

　建物滅失登記は、**建物所有者**が申請人となります。申請書の基本的な
体裁は権利部に関する登記と同じですが、不動産の記載については表題
部の登記独特な記載方法になります。建物滅失登記の一般的な添付書類
は、**取壊証明書**です。取壊証明書は厳密にいうと法定の添付書類ではあ
りませんが、登記官が登記手続を円滑に処理できるよう実務上は添付し
ます。取壊証明書には建物を取り壊した者が実印を押し、**印鑑証明書**を
添付する必要があります。取り壊した者が法人の場合は、法人の印鑑証
明書を添付し、**資格証明書（代表者事項証明書、履歴事項全部証明書な
ど）**も併せて添付する必要があります。申請書に会社法人等番号を記載
すれば印鑑証明書および資格証明書の添付は省略できますが、印鑑証明
書を受領しないと、取壊証明書に押印した印鑑が実印かどうか判断でき
ないため、実務上は印鑑証明書を取得したほうがよいでしょう。

216

申請書10-1　建物取り壊しに伴う滅失登記（本人申請）

法務局の処理の関係上、上部を6センチほど余白に

A4用紙を縦にして作成しよう

登記申請書

登記の目的　　建物滅失登記　←　**登記の目的は「建物滅失登記」**

添付書類を記載

添付情報　　　建物滅失証明書

（会社法人等番号○○○○－○○－○○○○○○）

申請をする日を記載　　　　**管轄の法務局名を記載**

令和3年3月15日申請　　東京法務局城南出張所

所有者の住所・氏名・電話番号を記載

申　請　人　　東京都大田区田園調布六丁目12番18号

伊　藤　公　夫　（伊藤）

連絡先の電話番号　　03-○○○○-○○○○

不動産番号を記載すれば、所在、家屋番号、種類、構造、床面積の記載を省略可能

不動産番号					
建物の表示	所　在	大田区田園調布六丁目12番地17			**登記事項証明書の通りに記載**
	家屋番号	12番17			
	主である建物又は付属建物	①種　類	②構　造	③床面積　㎡	登記原因及びその日付
		居宅	木造瓦葺平家建	52 ¦ 52	令和3年2月6日取壊し

種類、構造、床面積を記載　　　　**取壊日を記載**

建物取壊証明書

1．建物の所在　：東京都大田区田園調布六丁目12番地17

2．家屋番号　　：12番17

> 登記事項証明書の
> 通りに記載

3．建物の種類・構造・床面積（平方メートル）
　　　　　種　　　類　：居宅
　　　　　構　　　造　：木造瓦葺平家建
　　　　　床　面　積　：52．52　㎡

> 実際に更地になっ
> た日付を記載

4．工　事　種　別　：取壊し

5．建物滅失年月日　：令和3年2月6日

6．建物所有者の住所氏名

　　　　住所　東京都大田区田園調布六丁目12番18号

　　　　氏名　伊　藤　公　夫

上記のとおり取毀工事を完了したものである事を証明します。
　　　　　　　令和　3　年　2　月　10　日
　　　　　東京都大田区田園調布六丁目24番30号
　　施工者　株式会社伊藤工務店
　　　　　代表取締役　伊　藤　淳　一

> 実印を
> 押印

　　　　（会社法人等番号　○○○○−○○−○○○○○○）

> 法人が取り壊した場合、会社法人等番号を記載

建物表題登記はどのように行うのでしょうか。建物表題登記を自分で
行うことはできるのでしょうか。

建物表題登記とは

建物を新築したら、その建物の表題登記を行う必要があります。建物
の物理的な現況（**種類、構造、床面積など**）を登記します。建物表題登記
によってはじめてその建物の登記簿がつくられます。　建物の表題部 P42

建物表題登記申請書のサンプル

建物表題登記は、**建物所有者**が申請人となります。建物表題登記の一
般的な添付書類は、**建物図面、各階平面図、所有権証明情報（建築確認
済証、検査済証、引渡証明書兼工事代金受領証明書など。これらは通常、
設計事務所やハウスメーカーなどから渡されます。）、住所証明情報（住
民票の写しなど）**です。

建物図面と各階平面図の作成方法には下記のようなルールがあります。

・Ｂ４の丈夫な用紙を用い、0.2mm以下の細線で鮮明に表示すること。

・建物図面と各階平面図をともに提出する場合は、原則として１枚の用
紙を用い、右半面に建物図面を、左半面に各階平面図を記載すること。

・建物図面は原則として500分の１の縮尺で作成し、方位、敷地の地番、
形状、隣接地の地番を記載すること。また、建物の位置を特定するた
め敷地の境界からの距離（２ヶ所以上）を記載すること。

・各階平面図は原則として250分の１の縮尺で作成すること。

・各階平面図には、各階の別、各階の平面の形状、１階の位置、各階ご
との建物の周囲の長さ、床面積及びその求積方法を記載すること。

・作成年月日を記載し、申請人の記名、作成者の署名または記名押印を
行うこと。

申請書10−2　建物新築に伴う建物表題登記（本人申請）

法務局の処理の関係上、上部を6センチほど余白に

登記申請書

A4用紙を縦にして作成しよう

登記の目的　　建物表題登記

登記の目的は「建物表題登記」

添 付 情 報　　建物図面　各階平面図　所有権証明情報

　　　　　　　（会社法人等番号　○○○○−○○−○○○○○○）

　　　　　　　住所証明情報

添付情報を記載

申請をする日を記載

管轄の法務局名を記載

令和3年3月15日申請　　東京法務局城南出張所

所有者の住所・氏名・電話番号を記載

申 請 人　　東京都大田区田園調布六丁目12番18号

　　　　　伊 藤 公 夫 （伊藤）

　　　　　連絡先の電話番号　03−○○○○−○○○○

記載不要

土地の所在を「○○番地○○」と記載

不動産番号					
建物の表示	所　在	大田区田園調布六丁目12番地18			
	家屋番号	家屋番号は登記官が付します			
	主である建物又は付属建物	①種　類	②構　造	③床面積　㎡	登記原因及びその日付
		居宅	木造スレートぶき2階建	1階 50　00 2階 30　00	令和3年3月1日新築

種類、構造、床面積を記載

建物完成日を記載

220

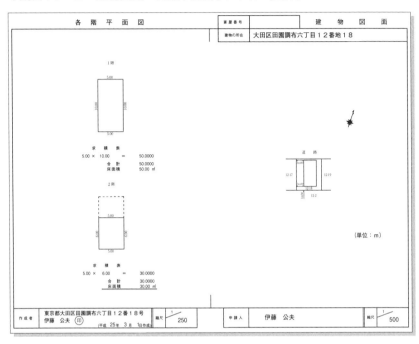

　建物図面と各階平面図の作成についての注意事項は前述のとおりです
が、建物図面については建物の構造によって記載する床面積の算出方法
が若干異なりますので、この点も注意が必要です。

　木造…柱の中心線で囲まれた部分が床面積になります。

　鉄骨造（外側被覆の場合）…柱の外面を結ぶ線で囲まれた部分。

　鉄骨造（両側被覆の場合）…柱の中心線で囲まれた部分。

　鉄骨造（柱の外側に壁がある場合）…壁の中心線で囲まれた部分。

　鉄筋コンクリート造…壁構造の場合は壁の中心線で囲まれた部分。

　次ページ以降で具体的な作成方法を説明しています。

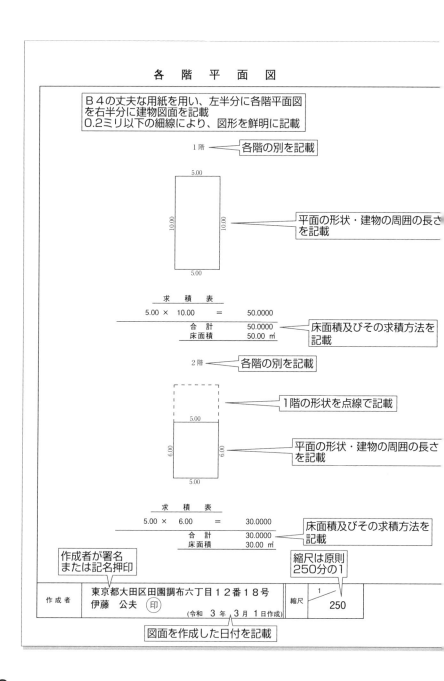

各 階 平 面 図

B4の丈夫な用紙を用い、左半分に各階平面図を右半分に建物図面を記載
0.2ミリ以下の細線により、図形を鮮明に記載

1階 ← 各階の別を記載

5.00

10.00　　10.00

5.00

← 平面の形状・建物の周囲の長さを記載

求 積 表

5.00 × 10.00 ＝ 50.0000

合 計 　50.0000
床面積 　50.00 ㎡

← 床面積及びその求積方法を記載

2階 ← 各階の別を記載

← 1階の形状を点線で記載

5.00

6.00　　6.00

5.00

← 平面の形状・建物の周囲の長さを記載

求 積 表

5.00 × 6.00 ＝ 30.0000

合 計 　30.0000
床面積 　30.00 ㎡

← 床面積及びその求積方法を記載

作成者が署名
または記名押印

縮尺は原則
250分の1

| 作成者 | 東京都大田区田園調布六丁目12番18号
伊藤　公夫　㊞
　　　　　　　　(令和 3 年 3 月 1 日作成) | 縮尺 | 1
250 |

図面を作成した日付を記載

222

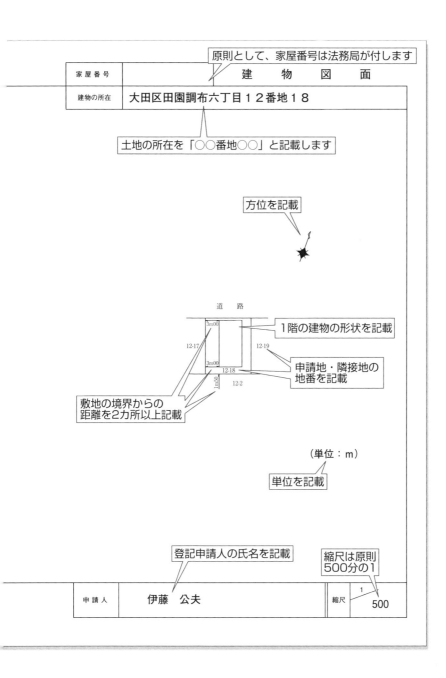

家 屋 番 号		建　物　図　面 原則として、家屋番号は法務局が付します
建物の所在	大田区田園調布六丁目１２番地１８	

土地の所在を「○○番地○○」と記載します

方位を記載

道　路

3m00

12-17

3m00　12-18

1m50　12-2

12-19

1階の建物の形状を記載

申請地・隣接地の地番を記載

敷地の境界からの距離を2カ所以上記載

（単位：m）

単位を記載

登記申請人の氏名を記載

申 請 人	伊藤　公夫	縮尺	1 / 500

縮尺は原則500分の1

申請書10−2　所有権証明情報サンプル（3点）

規則別記第十五号様式（第三条の四関係）
建築基準法第6条の2第1項の規定による

確　認　済　証

第○○○○○○○号
令和2年11月1日

坂○丁目○番○号
株式会社
○○○○

の3第1項の規定により
ていることを証明する。

規則別記第二十四号様式（第四条の六関係）
建築基準法第7条の2第5項の規定による

検　査　済　証

第○○○○○○○号
令和3年3月7日

伊藤　公夫　様

　下記にかかる工事は、建築基
6条第1項（建築基準法第6条
1項）の建築基準関係規定に適

1. 確認済証番号
2. 確認済証交付年月日
3. 確認済証交付者

4. 建築場所、設置場所又は築
　東京都大田区田園調布6-1
5. 検査を行った建築物、建築
　① 　建物名（伊藤
　② 　用途（一戸
　③ 　工事種別（新築
　④ 　構造（木造
　⑤ 　規模（地
　⑥ 　敷地面積（
　⑦ 　延べ面積（申請
　　　　　　　（申請
　　　　　　　（合計
　⑧ 　申請棟数（申請
6. 検査後も引き続き建築基準
　る場合を含む）の規定の適

7. 検査年

8. 検査を

引渡証明書兼工事代金受領証明書

所　　　在　　　東京都大田区田園調布六丁目12番地18

種　　　類　　　居宅

構　　　造　　　木造スレートぶき2階建

床　面　積　　　1階　50.00㎡　2階　30.00㎡

工事の種別　　　新　築

建　築　主　　　住　所　東京都大田区田園調布六丁目12番18号
　　　　　　　　氏　名　伊藤　公夫

建築年月日　　　令和3年3月1日工事完了

　　上記のとおり建築し工事完了と同時に建築主に引渡したる事を証

領していることを証明します。

10日

工事施工者　　　東京都大田区田園調布六丁目24番30号
　　　　　　　　株式会社伊藤工務店
　　　　　　　　代表取締役　伊藤　淳　一
　　　　　　　　（会社法人等番号　○○○○−○○−○○○○○○）

> 所有権証明情報は建築確認済証（ファイル一式）、検査済証、引渡証明書兼工事代金受領証明書の3点（4点）を添付するようにしましょう
> 添付できない書面がある場合は請負契約書などの書類を添付します

> 取壊説明書と同様の取扱いとなります

ちょっと発展 〈建物を共有で登記する際の注意点〉

建物の名義を共有で登記する場合には持分についての協議書が必要になります。

この書類は共有者が署名及び実印で捺印し、印鑑証明書を添付する必要があります。

持分の定め方については、一般的には工事代金の出資額で持分を定めます。工事代金の出資額と相違する持分で申請すると、後日税務署から贈与とみなされる可能性があります。十分注意しましょう。

■協議書サンプル

協 議 書

東京法務局城南出張所長 殿

後記建物の表題登記申請にあたり、私どもは協議の結果、建築資金出資等の理由により、所有権持分につきまして 伊藤公夫（2分の1）、伊藤公子（2分の1）で登記して頂きたく、ここにそれぞれ署名捺印のうえ、印鑑証明書を添付いたします。

記

物件の表示 （省略）

不動産を正確に記載
P66

令和3年3月15日

住所 ：東京都大田区田園調布六丁目12番18号
氏名 ：伊 藤 公 夫 ㊞（公夫）

住所 ：東京都大田区田園調布六丁目12番18号
氏名 ：伊 藤 公 子 ㊞（公子）

3 所有権保存登記とは?

建物表題登記が完了したら行う登記です。
建物表題登記の後に行います。

　建物を新築した場合、まずは建物表題登記を行います。これにより登記記録（登記簿）の表題部の登記がなされます。そして建物表題登記が完了したら所有権保存登記を行います。所有権保存登記によって登記記録（登記簿）の甲区の欄に所有者が登記されます。

　所有権保存登記は、所有者となる者が申請人となります。

建物を新築

第1段階で「建物表題登記」

第2段階で「所有権保存登記」

所有権保存登記の難易度を確認しましょう

　建物の所有権保存登記は、添付しなければならない書類も少なく、比較的難易度が低い登記といえます。ただし、下記のようなケースでは難易度が少し上がります。

☑ **抵当権設定などと併せて申請しなければならない場合**

 例えば抵当権設定登記と併せて申請しなければならない場合、1つの間違いが抵当権設定登記にも影響し、場合によってはすべての登記を取り下げたり、却下されたりする可能性があるため。

所有権保存登記の**流れを確認**しましょう

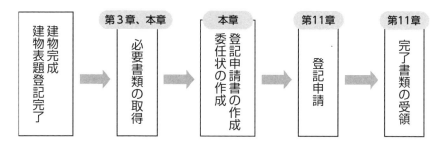

所有権保存登記の**ポイントを確認**しましょう

こんなときに必要	建物を新築したとき
登記手続の当事者	所有者となる者の単独申請
一般的な添付書類	住所証明情報（所有者について） 代理権限証明情報（委任状など） 資格証明情報（代表者事項証明書など）
登録免許税	【原則】 課税価格 × 1,000分の4 【軽減税率が適用される場合】 課税価格 × 1,000分の1.5 課税価格 × 1,000分の1 ※ ※特定認定長期優良住宅、認定低炭素住宅の場合
完了書類	登記完了証 登記識別情報通知書 原本還付した書類（住民票の写しなど）

第10章

登記事項証明書のココを**チェック**しましょう

【「表題部」を確認】

表題部（主である建物の表示）		調製	余白	不動産番号	２３４５６７９…
所在図番号	余白				
所在	大田区田園調布六丁目１２番地１８		余白		
家屋番号	１２番１８		余白		
① 種類	② 構造	③ 床面積 ㎡		原因及びその日付〔登記の日付〕	
居宅	木造スレートぶき ２階建	1階 50｜00 2階 30｜00		令和３年３月１日新築 〔令和３年３月１５日〕	
所有者	東京都大田区田園調布六丁目１２番１８号　伊　藤　公　夫				

　建物の登記事項証明書を確認してみましょう。所有権保存登記を行うためには、前提として建物表題登記が完了している必要があります。

　建物表題登記が完了していれば、その建物の登記事項証明書が取得できます。完了していなければ、まず、建物表題登記を行う必要があります。所有権保存登記は、原則として所有者の欄に記載された者が申請します。　**建物表題登記　P 219**

【所有権保存登記が完了した後の登記事項証明書】

権利部（甲区）　（所有権に関する事項）			
順位番号	登記の目的	受付年月日・受付番号	権利者その他の事項
1	所有権保存	令和３年４月１日 第１２３４号	所有者　東京都大田区田園調布六丁目 　　　１２番１８号 　　　伊　藤　公　夫

正しく登記されているか確認しましょう

　所有権保存登記が完了すると、甲区の順位番号１番に所有権保存登記が入ります。また、表題部の所有者欄に下線が引かれます。

4 所有権保存登記の申請準備をしよう

所有権保存登記の申請に向けて、具体的な準備の内容を確認していきましょう。

必要な書類を取得・準備しましょう

　所有権保存登記に必要な添付書類は原則として**住所証明情報**のみです。住民票の写し（または戸籍の附票の写し）を取得しましょう。 P83

　表題部に記載された所有者の住所・氏名から変更がある場合は、住民票の写しや戸籍謄本など変更を証する書面の添付も必要になります。

　なお、下記の要件に該当する新築建物の所有権保存登記においては、**住宅用家屋証明書**を添付することで登録免許税の軽減が受けられます。

住宅用家屋証明書 P87

第10章

【要件】
・新築後1年以内であること
・個人が新築または取得し、居住用であること
・建物の床面積が50㎡以上であること
・併用住宅の場合は、居住部分が90％以上であること
・区分建物の場合は、耐火・準耐火建物であること　　　　　　　など

【軽減の内容（登録免許税の税率）】
1,000分の4 → **1,000分の1.5**
（特定認定長期優良住宅、認定低炭素住宅の場合は、**1,000分の1**に軽減）

（令和3年11月現在）

所有権保存登記に**必要な書面を作成**しましょう

　所有権保存登記にあたって作成する書面は、原則として**登記申請書**のみです。所有者から委任を受けた者が申請する場合には**委任状**を作成・添付する必要があります。

申請書10−3　建物新築に伴う所有権保存登記（本人申請）

登記申請書

登記の目的　　所有権保存　　　　　　　　　　　…①

　　　　　　　　　　　　　　　　　　　　　　　…②

所　有　者　　東京都大田区田園調布六丁目12番18号　…③

　　　　　　　伊　藤　公　夫　（伊藤）

　　　　　　　連絡先の電話番号　03−○○○○−○○○○

添　付　情　報　　住所証明情報　住宅用家屋証明書　　…④

令和3年4月1日　法第74条第1項第1号申請　　…⑤
東京法務局城南出張所

課 税 価 格　　金8，160，000円

　　　　　　　　　　　　　　　　　　　　　　　…⑥

登録免許税　　金10，300円
　　　　　　　租税特別措置法第72条の2による

不動産の表示
　所　　在　　東京都大田区田園調布六丁目12番地18　…⑦
　家屋番号　　12番18
　種　　類　　居宅
　構　　造　　木造スレートぶき2階建
　床 面 積　　1階　50．00㎡
　　　　　　　2階　30．00㎡

230

①登記の目的

「所有権保存」と記載します。

②原因

所有権保存登記の場合、原因は不要です。

③申請人（所有者）

所有者の住所と氏名、連絡先の電話番号を記載し、捺印します。捺印は認印で構いません。

④添付情報

所有権保存登記の添付情報は、原則として住所証明情報、場合により代理権限証明情報、住宅用家屋証明書です。

まず、所有者は、住所証明情報として、**住民票の写し（または戸籍の附票の写し）**を添付します。架空の人物による登記を防止するためです。住民票コードを記載した場合は添付する必要はありません。 参考 P83

代理人によって登記を申請する場合は、代理権限証明情報として**委任状など**を添付します。

住宅用家屋に関する登録免許税の軽減税率の適用を受けるためには**住宅用家屋証明書**を添付する必要があります。 参考 P87

住民票の写しや住宅用家屋証明書などは、原本還付の処理をすることで原則として原本を還付してもらうことができます。 原本還付 P238

⑤申請日と管轄 P80

登記を申請する日付と管轄法務局を記載します。

窓口に持参して登記申請をする場合は、申請日を記載しましょう。

郵送で申請する場合、申請日は法務局に届く日を記載するのが原則ですが、空欄のままでも問題はないようです。

次に、所有権保存登記に特有の事項として根拠条文を記載します。建物表題部の所有者が申請する場合は、「**法第74条第1項第1号**」と記載します。

管轄は、登記をする不動産によって決まっています。間違えないようにしましょう。

⑥**課税価格・登録免許税**

【**所有権保存登記の登録免許税**】

課税価格 × 0.4％（1,000分の4）

新築したばかりの建物の場合、固定資産の価格が登録されていません。この場合は、**新築建物等価格認定基準表**に基づいて課税価格を算出します。新築建物等価格認定基準表には、建物の種類と構造ごとの平米単価が表になって記載されています。この単価から建物の価格を算定します。基準表については各法務局ごとに数字が異なりますので詳しくは管轄の法務局にご確認下さい。

算定して出てきた金額のうち1,000円未満を切り捨てた金額が**課税価格**です。算定して出てきた金額が1,000円に満たないときは、課税価格は1,000円になります。

また、登録免許税は100円未満の金額を切り捨てます。算出した金額が1,000円に満たないときは、登録免許税は1,000円になります。

住宅用家屋の所有権保存登記については、令和4年3月31日まで税率が1,000分の1.5に、特定認定長期優良住宅の場合は1,000分の1に軽減されています。ただし、登記上の床面積が50㎡以上であることなど一定の条件を満たす必要があり、満たす場合にはそれを証する書面として、市区町村役場で取得できる**住宅用家屋証明書**を申請書に添付する必要があります。登録免許税が軽減される場合は、「**租税特別措置法第72条の2**」と、その根拠となる条文を記載します。特定認定長期優良住宅の場合は、「**租税特別措置法第74条**」と記載します。

⑦**不動産の表示**　P66

登記事項証明書を確認しながら、不動産の表示を正確に記載します。

所有権保存登記の課税価格の計算方法を確認しましょう

　新築したばかりの建物の場合、固定資産の価格が登録されておらず、固定資産評価証明書を取得することができません。

　そこで使用するのが下記の新築建物等価格認定基準表です。建物の種類と構造から平米単価を確認できるようになっています。例えば、木造・居宅の建物であれば平米単価が102,000円ということが確認できます。

　申請書10-3の建物の場合、木造・居宅の建物で、面積が合わせて80.00㎡であることから、102,000円×80.00㎡＝8,160,000円ということになります。

　新築建物等価格認定基準表は法務局・地方法務局ごとに定められておりますので、管轄の法務局に確認しましょう。

■**新築建物等価格認定基準表サンプル**（東京法務局：平成3年度）

東京法務局管内新築建物課税標準価格認定基準表

基準年度：令和3年度（1平方メートル単価・単位：円）

種類＼構造	木造	れんが造・コンクリートブロック造	軽量鉄骨造	鉄骨造	鉄筋コンクリート造	鉄骨鉄筋コンクリート造
居　宅	102,000	—	114,000	124,000	158,000	—
共同住宅	110,000	—	114,000	124,000	158,000	—
旅館・料亭・ホテル	94,000	—	—	170,000	170,000	—
店舗・事務所・百貨店・銀行	72,000	—	63,000	135,000	152,000	—
劇場・病院	78,000	—	—	170,000	170,000	—
工場・倉庫・市場	55,000	59,000	61,000	91,000	92,000	—
土　蔵	—	—	—	—	—	—
附属家	61,000	65,000	68,000	101,000	102,000	—

※本基準により難い場合は、類似する建物との均衡を考慮し、個別具体的に認定することとする。

申請書10−3　住宅用家屋証明書サンプル

第3号様式（第3条関係）

住宅用家屋証明書

租税特別措置法
施行令

（ア）　第41条
特定認定長期優良住宅又は認定低炭素住宅以外
（a）新築されたもの
（b）建築後使用されたことのないもの
特定認定長期優良住宅
（c）新築されたもの
（d）建築後使用されたことのないもの
認定低炭素住宅
（e）新築されたもの
（f）建築後使用されたことのないもの
（イ）第42条第1項（建築後使用されたことのあるもの）

> 該当するところを○で囲み、新築年月日を記載

の規定に基づき、下記の家屋　令和3年3月1日　（ウ）新築　（エ）取得　がこの規定に

該当するものである旨の証明をします。

申 請 者 の 住 所	東京都大田区田園調布六丁目12番18号
申 請 者 の 氏 名	伊　藤　　公　夫
家 屋 の 所 在 地	大田区田園調布六丁目12番地18
取得の原因 （移転登記の場合に記入）	（1）　売　買　　（2）　競　落

> 申請者の住所、氏名、家屋の所在地を正確に記載

●審証第○○○○号
令和3年4月1日
大田区長　大田　太郎

大田区
区長印

第**11**章

申請書を組み上げ、登記申請そして登記完了まで

申請書を組み上げて登記申請
〜登記申請から完了までの手続〜

　　登記申請書の作成、添付書類の収集
及び作成が終わりました。最終的にそ
れらを組み上げ、管轄の法務局に登記
を申請します。登記完了までの一連の
流れ、そして完了時にチェックすべき
ことも併せて最後に確認します。
　　これまでの総仕上げです。あともう
ひと踏ん張り。頑張りましょう。

登記申請書を組み上げよう

あなただけの登記申請書を完成させましょう。

　取得した書類と作成した書類がすべてそろったら、いよいよ登記申請書を組み上げましょう。組み上げる順番や方法については、絶対にこうしなければならないというルールはありませんが、一般的にはこのような順番で組み上げます。

①申請書
②申請書（2枚目以降がある場合）
③登録免許税分の収入印紙を貼った紙
（収入印紙に消印はしない）

※①から③までで1セットなので、ホチキス留めの上、すべて契印を押す。

④委任状があるときは委任状
⑤原本還付しない、あるいは原本還付できない添付書類（⑧以外）
⑥原本還付書類のコピー

※⑥が2枚以上あるときは、ホチキス留めの上、すべて契印を押す。

⑦原本還付書類の原本
⑧登記済証・登記識別情報

| 1）　①から③までをホチキスで留め、契印 |

  はどちらでも構いません

| 2）Ⓐ　1）のセットと④から⑧までのセットをクリップまたはファイルで一式にする | 2）Ⓑ　1）のセットと④から⑥までのセットをホチキスで留め、⑦⑧とクリップ留め、もしくはファイルで一式にする |

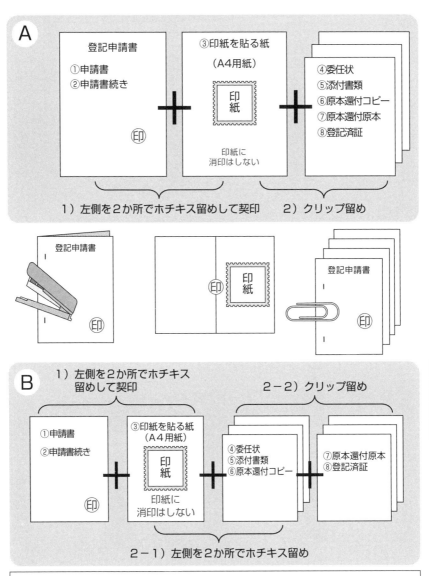

A

登記申請書
①申請書
②申請書続き
　　　　　㊞

③印紙を貼る紙
（A4用紙）
印紙
印紙に
消印はしない

④委任状
⑤添付書類
⑥原本還付コピー
⑦原本還付原本
⑧登記済証

１）左側を２か所でホチキス留めして契印　　２）クリップ留め

登記申請書
㊞

印紙
㊞

登記申請書
㊞

B

１）左側を２か所でホチキス
留めして契印

２−２）クリップ留め

①申請書
②申請書続き
　　　㊞

③印紙を貼る紙
（A4用紙）
印紙
印紙に
消印はしない

④委任状
⑤添付書類
⑥原本還付コピー

⑦原本還付原本
⑧登記済証

２−１）左側を２か所でホチキス留め

書類がバラバラにならないよう、大きいクリップでしっかり留めるか、
クリアファイルにしっかりと挟み込みましょう

2 原本還付の準備をしよう

収集・作成した添付書類を登記完了時に返してもらうための準備です。

登記手続に添付した書類を返してもらう方法

不動産登記の手続に添付した書類には、原本を返してもらうことができるものがあります。ただし、原本を返してもらうためには、そのための準備・処理が必要です。ここで具体的な方法を確認します。

一般的な原本還付の方法

住民票（除票）の写し、戸籍（除籍）の附票の写し、遺産分割協議書、遺言、固定資産評価証明書などの添付書類を返してもらいたいときは、原本還付の処理をして添付する必要があります。なお、登記済証は原本還付の処理をしなくても原本が返却されます。

〈原本を添付する必要がある（原本還付できない）書類〉

委任状、登記義務者の印鑑証明書

「法務局御中」となっている登記原因証明情報など

特殊な原本還付の方法

相続による所有権移転登記において、戸籍謄本（抄本）、除籍謄本、改製原戸籍謄本は、相続関係説明図を作成して添付することで、一般的な原本還付の方法をとることなく登記完了時に原本を還付してもらうことができます。

〈相続関係説明図を添付して返してもらえる書類〉

戸籍謄本（抄本）、除籍謄本、改製原戸籍謄本

一般的な原本還付を行うための**具体的な準備**

1）還付してもらいたい書類をすべてコピーする。

拡大せずにそのままのサイズでコピー。

戸籍謄本（抄本）、除籍謄本、改製原戸籍謄本は相続関係説明図があればコピーしなくて大丈夫です。

2）左側をホチキスで留め、1ページ目に原本に相違がない旨を記載し、申請人が記名押印（申請書の印鑑と同じ印鑑）。

コピー

――――㊞

「上記は原本と相違ありません。
○○　○○ ㊞」
このように記名し、押印します。

3）すべてのページをつなげる形で契印をする。

契印

忘れずに、すべてのページに契印しましょう。

4）登記申請書や各書類の原本と併せて法務局に提出。

受付

3 登記申請の3つの方法を確認しよう

窓口申請、郵送申請、オンライン申請の3つのパターンがあります。

　不動産登記の申請方法には、①**窓口申請**（管轄の法務局の窓口に登記申請書を持参して申請する方法）、②**郵送申請**（法務局に登記申請書を郵送し、申請する方法）、③**オンライン申請**（オンライン申請システムにより申請する方法）の3つのパターンがあり、この本では窓口申請と郵送申請について説明しています。

　①窓口申請であれば、申請直前に相談窓口で相談できることもあります（相談は要予約）。なるべく窓口に持参して申請をされることをおすすめします。遠方の不動産の登記の場合など、窓口に持参することが難しいときは、②郵送申請をしましょう。ただし、郵送で申請書を送るときは、必ず書留郵便で送るようにして下さい。③オンライン申請は、パソコンの設定や電子証明書の取得などが必要となり、一から設定をする時間や費用、オンライン申請特有の確認事項・注意事項などを考えると、あまりおすすめはできません。

それぞれの方法のメリットとデメリット

窓口申請	メリット	確実に申請を確認できる・窓口で直前に確認ができる
	デメリット	開庁時間に出向かないといけない
郵送申請	メリット	法務局に行かなくて済む・時間にもとらわれないで済む
	デメリット	郵便事故の可能性・窓口で相談ができない・窓口に補正に行かなければならない可能性がある・発送から届くまでタイムラグが生じる
オンライン申請	メリット	法務局に行かなくて済む・時間にもとらわれないで済む
	デメリット	設定が面倒・電子証明書

組み上げた登記申請書は、管轄の法務局に持っていきます。

法務局に**持っていくもの**を確認しましょう

法務局には、組み上げた「**登記申請書**」一式と、「**申請書に使用した印鑑**」を持参しましょう。また、登録免許税納付用の収入印紙を法務局で購入する場合は、その費用も忘れずに持っていきましょう。 P94

「不動産登記係の受付」に提出し**受付番号を確認しましょう**

管轄の法務局に着いたら、目指すは**不動産登記係の受付窓口**です。受付がわからない場合は、案内板を確認するか、法務局の職員に聞いてみましょう。**収入印紙を法務局で購入する場合は、法務局内の印紙売場で購入をし、申請書に貼ってから受付に向かいましょう。**

不動産登記係の受付窓口に着いたら職員に申請書類一式を提出します。無事に提出できれば、登記申請が受け付けられることになります。また、完了書類の受領の際に必要になりますので、**受付番号を窓口で確認**し手帳などにメモしておきましょう。

登記識別情報通知書等受領印影届の提出を確認しましょう

管轄の法務局や登記の書類によっては、登記申請処理の都合上、「**登記識別情報通知書等受領印影届**」の提出が求められる場合があります。

登記完了時、登記識別情報通知書等を受け取る際に押印する印鑑を事前に届け出るための書類で、法務局に備え付けの書式に申請人が記入し、申請書に捺印した印鑑を押して提出します。申請時に必要かどうかを確認し、提出を求められた場合は、法務局の指示に従って下さい。

第11章

登記完了予定日と完了書類の受領方法を確認しましょう

　法務局では、登記申請書を受け付けたのち、1週間から2週間かけて書類の確認、登記簿への反映などの手続を行います。

　法務局の一連の手続についての完了予定日が、「**登記完了予定日**」です。ほとんどの法務局では受付窓口の近くに表示されています。もし、見つけられない場合は、受付の方に確認をして下さい。

　登記完了予定日を迎えたら、窓口で完了書類を受領することになります。法務局によって独自の受領のルールがある場合もありますので、申請の際、受付窓口で完了書類の受領方法を確認しておくと安心です。

申請後の基本的な流れを確認

●**不動産登記係受付窓口で申請。このとき、登記完了予定日を確認。**

①申請書の最終確認・相談

②登記申請・受付番号の確認

③登記完了予定日と受領方法の確認

●**不備がある場合は、法務局から連絡があります。指示に従いましょう。**

①不備の内容を確認（必要に応じて）

②補正・取下げの手配（必要に応じて）

③補正・取下げ（必要に応じて）

●**登記完了予定日です。法務局に書類を受け取りに行きましょう。**

①完了書類の受領

②登記事項証明書の取得

③完了書類の確認

5 郵送で申請をしたい場合は?

登記申請書は郵送で申請をすることもできますが、郵送の場合特有の注意事項がいくつかあります。

申請書一式は**書留郵便**で送りましょう

組み上げた「登記申請書」一式を郵送で申請することもできます。大切な書類がたくさん入っていますので、必ず書留郵便で送るようにしましょう。また、封筒には「**不動産登記申請書在中**」と赤字で記載し、宛先は間違えないよう注意して下さい。

提出前にしておきたいこと

窓口に持参して申請する場合と違い、郵送の場合は提出前に窓口での相談や確認ができません。

申請前に気になることがあるときは、事前に管轄の法務局に電話で相談をしてみましょう。可能な範囲で質問に答えてもらえます。

また、万が一の場合に備えて、申請書に申請人全員が捨印(訂正印)を押しておくとよいでしょう。

登記完了予定日を確認しましょう

法務局では、登記申請書を受け付けたのち、1週間から2週間かけて書類の確認、登記簿への反映などの手続を行います。

法務局の一連の手続についての完了予定日が、「**登記完了予定日**」です。郵送で申請をした場合は、管轄法務局に電話をして登記完了予定日を確認しておきましょう。完了書類の受領を窓口で行う場合は、受領方法についても確認をしておきましょう。

また、登記完了予定日は、法務局のホームページにも掲載されています。こちらを確認してみるのもよいでしょう。

郵送で完了書類を受け取りたいとき

　申請書に必要事項を記載することで、窓口に行かずに郵送で完了書類を受領することができます。

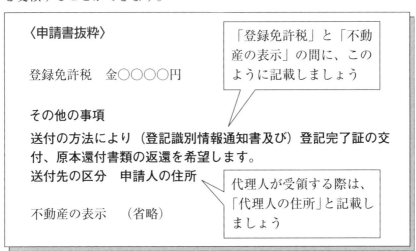

〈申請書抜粋〉

登録免許税　　金○○○○円

その他の事項

送付の方法により（登記識別情報通知書及び）登記完了証の交付、原本還付書類の返還を希望します。

送付先の区分　　申請人の住所

不動産の表示　　（省略）

「登録免許税」と「不動産の表示」の間に、このように記載しましょう

代理人が受領する際は、「代理人の住所」と記載しましょう

　この場合、申請書と併せて、**返信用封筒と返信用の切手**（登記の種類によっては本人限定郵便で送付されます）を提出することを忘れないで下さい。

　なお、登記識別情報通知書は申請人ごとに送付されます。

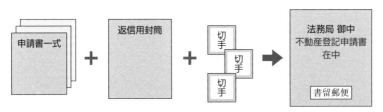

　遠方の法務局に郵送で申請をする場合は、完了書類の受領を郵送で行えるよう手配することを忘れないようにして下さい。

　郵送で受領した場合は、完了書類の到着を待って、登記事項証明書を取得しましょう。　登記事項証明書の取得　P74

244

法務局から連絡が来たらどうしよう?

登記申請後、法務局から連絡があったらどうすればよいでしょうか。
そんなときは、法務局の指示に従って下さい。

訂正できる不備があるときは「補正」をします

　登記申請の内容に誤りがあると、申請書に記載した電話番号に法務局から連絡が入ります。軽微な誤りであれば、法務局の指示に従って訂正をすることで、最初から適正な登記申請があったものとして登記手続を進めてもらえます。このように法務局の指示に従って、軽微な誤りを訂正することを補正といいます。補正の方法は、補正の内容によって異なります。電話がかかってきてしまったら、補正の方法について詳しく確認をしましょう。

補正ができないときは「取下げ」をします

　登記申請の内容に重大な誤りがあって、すぐに補正ができないような場合は、申請をした人がその登記申請を取り下げることができます。登記申請が取り下げられると、登記申請は初めからなかったものとされます。この手続を取下げといいます。

　取下げをする場合は、「取下書」を提出しなければなりません。また、納付した登録免許税の取扱い（現金還付または印紙の再使用証明など）を確認しないといけません。取下げの方法についても、法務局の指示に従いましょう。

　収入印紙で納めた登録免許税は、再使用するための処理をしてもらえば、取下げ後、再度申請する際に使用することができます。

第11章

■取下書

■収入印紙　再使用証明書

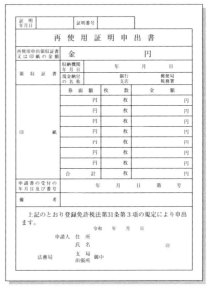

　法務局によっては、登記相談窓口が設置されているところもあります。基本的には予約制となっているため、相談したい場合は管轄の法務局にお問い合わせ下さい。相談窓口では法務局の職員や司法書士などが不動産登記に関する相談に対応しています。

　具体的な事案に沿ってのアドバイスを受けられるものではありませんが、一般的な記載事項についての案内は受けることができますので、心配な方は利用してみるとよいでしょう。

内容を確認するために、改めて登記事項証明書を取得しましょう。

　いよいよ登記完了予定日です。法務局から特に連絡がなければ登記は完了しています。法務局へ完了書類一式を受け取りに行きましょう。

登記完了予定日に持っていくもの

　「登記申請の際に使用した印鑑」と「身分証明書」、「受付番号をメモした用紙」です。法務局から別途指示を受けたものがある場合は、それも忘れずに持参しましょう。

不動産登記係の交付窓口で受け取ります

　不動産登記係の交付窓口に足を運びましょう。受付番号を伝え、身分証明書を提示し、書類受領の印鑑を押し、完了書類を受け取ります。

登記の完了書類の確認

　窓口で受け取る不動産登記の一般的な完了書類は以下のとおりです。
【登記識別情報通知書】登記名義人を識別するための情報です。
　　不動産ごと、申請人ごとに1通ずつ発行されます。
【登記完了証】登記が完了したことを証する書面です。
【原本還付書類一式】原本還付の処理をした書類が還付されます。

登記事項証明書を取得しましょう

　不動産登記が完了しているということは、登記が反映された登記事項証明書が取得できるということです。完了書類を受領したら、登記事項証明書交付窓口に移動し、登記事項証明書を取得しましょう。P74

第11章

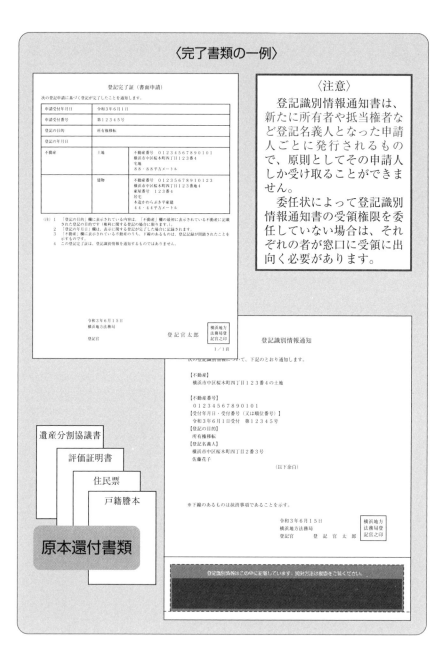

〈完了書類の一例〉

登記完了証（書面申請）

次の登記申請に基づく登記が完了したことを通知します。

申請受付年月日	令和3年6月1日
申請受付番号	第12345号
登記の目的	所有権移転
登記の年月日	

不動産	土地	不動産番号　0123456789010１ 横浜市中区桜木町四丁目123番4 宅地 88・88平方メートル
	建物	不動産番号　0123567891012３ 横浜市中区桜木町四丁目123番地4 家屋番号　123番4 居宅 木造かわらぶき平家建 44・44平方メートル

（注）　1　「登記の目的」欄に表示されている内容は、「不動産」欄の最初に表示されている不動産に記載
　　　　された登記の目的です（権利に関する登記の場合に限ります。）。
　　　　2　「登記の年月日」欄は、表示に関する登記が完了した場合に記録されます。
　　　　3　「不動産」欄に表示されている不動産のうち、下線のあるものは、登記記録が閉鎖されたことを
　　　　示すものです。
　　　　4　この登記完了証は、登記識別情報を通知するものではありません。

令和3年6月15日
横浜地方法務局

登記官　　　　　　　登記官太郎　　　横浜地方
　　　　　　　　　　　　　　　　　　法務局登
　　　　　　　　　　　　　　　　　　記官之印

1／1頁

〈注意〉

　登記識別情報通知書は、新たに所有者や抵当権者など登記名義人となった申請人ごとに発行されるもので、原則としてその申請人しか受け取ることができません。

　委任状によって登記識別情報通知書の受領権限を委任していない場合は、それぞれの者が窓口に受領に出向く必要があります。

登記識別情報通知

次の登記識別情報について、下記のとおり通知します。

【不動産】
　横浜市中区桜木町四丁目123番4の土地

【不動産番号】
　0123456789010１
【受付年月日・受付番号（又は順位番号）】
　令和3年6月1日受付　第12345号
【登記の目的】
　所有権移転
【登記名義人】
　横浜市中区桜木町四丁目2番3号
　佐藤花子

（以下余白）

※下線のあるものは抹消事項であることを示す。

令和3年6月15日
横浜地方法務局
登記官　　　登記官太郎　　　横浜地方
　　　　　　　　　　　　　　法務局登
　　　　　　　　　　　　　　記官之印

登記識別情報はこの中に記載しています。開封方法は裏面をご覧ください。

遺産分割協議書
評価証明書
住民票
戸籍謄本

原本還付書類

248

登記事項証明書を確認しよう

申請した通りに無事に登記は完了しているでしょうか？ 登記事項証明書の内容を確認しましょう。

登記事項証明書を確認しましょう

登記事項証明書を取得し、確かに申請した通りに登記が反映されているかを確認しましょう。

登記の目的から受付年月日・受付番号、そしてそれぞれ申請した欄が申請した通りに登記がされているかどうかを確認します。

意図していた通りに、また、申請した通りに登記が入っているかどうか確認をするのはもちろんですが、所有権移転登記（売買、贈与、財産分与など）については、**優先して想定していなかった登記（差押や仮差押、仮処分などの登記、抵当権などの登記）**が入っていないかどうかも併せて確認するようにしましょう。

【所有権移転登記が完了した後の登記事項証明書サンプル】

権利部（甲区）　（所有権に関する事項）			
順位番号	登記の目的	受付年月日・受付番号	権利者その他の事項
4	所有権移転	平成１８年７月２２日 第１６２８４号	原因　平成１７年１２月２８日相続 所有者　東京都港区芝八丁目２番２号 　　大　山　裕　司
5	所有権移転	令和３年２月５日 第３００号	原因　令和３年２月５日売買 所有者　さいたま市浦和区高砂 　　五丁目５番５号 　　大　山　健　一

9 登記識別情報通知書を確認しよう

登記識別情報通知書は完了書類の中で最も重要な書類です。念入りに
確認し、厳重に保管するようにしましょう。

登記識別情報通知書を確認しましょう

　登記識別情報通知書とは、登記名義人を識別するための情報（登記識
別情報）が記載された書面です。

　登記識別情報通知書は、不動産ごと、そして申請人ごとに発行されま
す。例えば、土地と建物の相続登記を申請し、子供２人が２分の１ずつ
の割合で相続をした場合、土地につき２通、建物につき２通の計４通の
登記識別情報通知書が発行されます。

ちょっと確認　　〈登記識別情報通知書が発行されない登記〉

　登記識別情報通知書は、新たに登記名義人となった申請人に対して発
行されますので、新たに登記名義人となる者がいない登記においては発
行されません。

【登記識別情報通知書が発行される代表的な登記】
・所有権移転登記（売買、贈与、財産分与、相続など）
・所有権保存登記
・抵当権設定登記

【登記識別情報通知書が発行されない代表的な登記】
・住所・氏名変更登記
・抵当権抹消登記
・建物表題登記
・滅失登記

■登記識別情報通知書サンプル

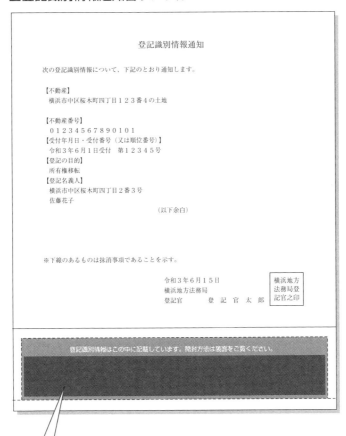

登記識別情報通知

次の登記識別情報について、下記のとおり通知します。

【不動産】
　横浜市中区桜木町四丁目１２３番４の土地

【不動産番号】
　０１２３４５６７８９０１０１
【受付年月日・受付番号（又は順位番号）】
　令和３年６月１日受付　第１２３４５号
【登記の目的】
　所有権移転
【登記名義人】
　横浜市中区桜木町四丁目２番３号
　佐藤花子

　　　　　　　　　　　　　　　（以下余白）

※下線のあるものは抹消事項であることを示す。

　　　　　　　　令和３年６月１５日　　　　　　横浜地方
　　　　　　　　横浜地方法務局　　　　　　　　法務局登
　　　　　　　　登記官　　登記官太郎　　　　　記官之印

登記識別情報はこの中に記載しています。開封方法は裏面をご覧ください。

　　折り込みの下に12ケタの英数字の組み合わせ（暗証番号のような
もの）とQRコードが記載されています。この組み合わせのことを
登記識別情報といいます。今回取得した不動産を今後売却したり、
取得した不動産を担保に住宅ローンを組んだりする場合は、この登
記識別情報を法務局に提供することになります。

第11章

もっと知りたい　登記識別情報Q&A

Q　これまでの権利証はどうなるの?

A 登記識別情報制度に移行した後に申請された部分については、順次登記識別情報が発行されますが、移行後に権利変動がない場合は、これまでの登記済証が今までどおり「権利証」として有効です。これまでどおり大切に保管しておいて下さい。

Q　登記識別情報や登記済証がない場合はどうなるの?

A 相続登記等の場合は登記識別情報や登記済証を登記申請の際に添付する必要はないのですが、売買や担保設定の際などは添付が必要です。もし紛失してしまった場合は、登記識別情報の提供の代わりの手続（司法書士などの資格者代理人による本人確認情報の作成など)が必要になります。本人確認情報の作成の場合、司法書士などの資格者代理人に対する報酬がかかることになり、通常よりも費用負担は大きくなってしまいます。　**参考 P172**

Q　登記識別情報通知書を発行してほしくない場合は?

A 登記識別情報の管理に自信のない方などは、あらかじめ申し出ることで最初から登記識別情報を発行しないようにすることもできます。また、発行された登記識別情報通知書が盗まれてしまった場合や、誰かに見られてしまった場合などは、その登記識別情報について失効の申出をすることができます。ただし、上記にもあるとおり、将来の登記の際に通常とは違う手続が必要になります。

10 登記識別情報通知書は大切に保管しよう

登記識別情報通知書はとても重要な書類。大切に保管するようにしましょう。

　完了書類が手元に届き、登記事項証明書の登記内容を確認し、申請した通り正確に登記されていれば、不動産登記手続はすべて終わりです。手元に届いた登記識別情報通知書は、昔の権利証（登記済証）と意味合いは同じもので、あなたが登記をした不動産についての新しい証明書となるものです。大切に保管しておきましょう。

ちょっと発展　〈困ったときの相談窓口〉

　ここまで、不動産登記を自分でする方法について説明をしてきました。しかし、さまざまな事情から登記手続までたどり着くことができず、途中で「どこかで相談をしたい」と思われた方もいらっしゃるのではないかと思います。

　本文の中でも案内をしている部分がありますが、最終的に登記ができるかどうかを判断するのは法務局です。

　各地の法務局で「登記手続案内」の窓口があります。申請書の書き方や必要書類などについて一般的な案内を受けることができます。ただし、あくまで一般的な案内に留まること、予約が必要であること、対面相談が受けられない法務局もあることなど、注意が必要です。利用したい場合は事前に電話などで確認しておきましょう。

　また、今はインターネットでもいろいろな情報を集められます（法務省のホームページにも申請書のひな型の記載があります）。しかし、中には間違った情報が流れてしまっていることもありますので、インターネットの情報の取捨選択にはご注意下さい。

第11章

不動産登記お役立ち情報と主な法務局一覧

登記の手続などに役立つウェブページアドレス

●**法務局**　　　　　https://houmukyoku.moj.go.jp/homu/static/

不動産の管轄、全国の法務局の所在地・連絡先、最新の情報など、登記に関するさまざまなことを確認することができます。

●**登記情報提供サービス**　　　　https://www1.touki.or.jp/

不動産や会社・法人の登記情報などを、インターネットを利用してパソコンの画面上で確認できる有料サービスです。

●**裁判所**　　　　　https://www.courts.go.jp/

各種手続の説明や窓口案内、申立書の書式例など、裁判所における手続に関するさまざまなことを確認することができます。

●**法務省**　　　　　https://www.moj.go.jp/

主な登記申請書の様式や登記手続に関する注意事項など、登記申請の際に参考になる情報を確認することができます。

●**日本司法書士会連合会**　　　　https://www.shiho-shoshi.or.jp/

司法書士業務の案内や、近くの司法書士を探すことのできる検索機能などがあります。

●**日本土地家屋調査士会連合会**　　　　https://www.chosashi.or.jp/

土地家屋調査士業務の案内や、近くの土地家屋調査士を探すことのできる検索機能などがあります。

主な法務局（本局）の所在地と連絡先

主な法務局（本局）の所在地と連絡先を掲載しています。

前ページ掲載の法務局ホームページから各局（支局・出張所を含む）のサイトにアクセスすることもできます。

局　名	郵便番号	住　　所	電話番号
札　幌 法務局	060-0808	札幌市北区北8条西2－1－1 札幌第1合同庁舎1階・2階	011-709-2311
仙　台 法務局	980-8601	仙台市青葉区春日町7－25 仙台第3法務総合庁舎	022-225-5611
東　京 法務局	102-8225	千代田区九段南1－1－15 九段第2合同庁舎	03-5213-1234
名古屋 法務局	460-8513	名古屋市中区三の丸2－2－1 名古屋合同庁舎第1号館	052-952-8111
大　阪 法務局	540-8544	大阪市中央区谷町2－1－17 大阪第2法務合同庁舎	06-6942-1481
広　島 法務局	730-8536	広島市中区上八丁堀6－30 広島合同庁舎	082-228-5201
高　松 法務局	760-8508	高松市丸の内1－1 高松法務合同庁舎	087-821-6191
福　岡 法務局	810-8513	福岡市中央区舞鶴3－5－25	092-721-4570

巻末資料

電話による登記相談

●東京法務局　登記電話案内室　電話番号　03-5318-0261

東京法務局管内の支局・出張所に申請する登記について、一般的な説明を内容とする相談ができます（要予約）。

〔著者〕**児島　充**（こじま　みつる）

司法書士。神奈川県司法書士会所属。簡裁訴訟代理等関係業務認定取得。愛知県出身。中央大学卒業。司法書士事務所勤務での実務経験を経て、Ｋ＆Ｓ司法書士事務所を開業。共著に『成功したい人が読む　はじめての相続・贈与の生前対策』（清文社）、監修書に『自分でできる相続登記』『今日から成年後見人になりました』『身近な人が亡くなった後の手続のすべて』（自由国民社）がある。

【事務所】神奈川県川崎市川崎区宮前町8-18　井口ビル１階
　　　　　電話番号　044-222-3210

監修・執筆協力：**髙橋　輝**（たかはし　あきら）（髙橋土地家屋調査士事務所　土地家屋調査士）
　埼玉土地家屋調査士会所属。日本大学卒業。

監修・執筆協力：**児島　明日美**（こじま　あすみ）（司法書士児島明日美事務所　司法書士）
　東京司法書士会所属。お茶の水女子大学卒業。

自分でできる不動産登記（じぶんでできるふどうさんとうき）

2013年7月4日　初　版　第1刷発行
2021年12月13日　第2版　第1刷発行

著　　者	児　島　　充（こじま　みつる）
発　行　者	石　井　　悟
印　刷　所	横山印刷株式会社
製　本　所	新風製本株式会社
本文ＤＴＰ	有限会社　中央制作社
発　行　所	株式会社　自由国民社

〒171-0033　東京都豊島区高田3-10-11
営業部　TEL03-6233-0781　FAX03-6233-0780
編集部　TEL03-6233-0786
URL　https://www.jiyu.co.jp/